「時間」って何だろう？

「時間」について考えたことはある？

今、初めて考えた人もいるはず。

「早くしなさい」「どうして時間が守れないの？」なんて、

いつも時間のことでおうちの人にしかられて、

「時間」って言葉がきらいな人もいるかな？

そして、この本を手に取ってくれたってことは、

あなたも時間の使い方で困っているの？

それとも、自分はあんまり困っていないけれど、

もしかしたらおうちの人が困って

「この本を読みなさい」ってわたししてきたのかな？

ふだんあまり感じないけど、「時間は限りあるもの」と知ることが、

時間をじょうずに使うための第一歩！

こうして、本を読んでいる間も、時間は刻一刻と進んでいるよね？

このいっしゅん、いっしゅんの積み重ねで、私たちは何分、

何時間、何日、何年と自分の人生を作り上げていくんだ。

時間はすべて自分のもので、どんなに仲よしの家族や友だちが望んでも、

あなたの時間を代わりに生きることはできない。

また、たとえあなたの時間であっても、時間は止めることも過去にもどって

やり直すこともできないよ。

いっしゅん、いっしゅんの積み重ねで、

あなたの人生が作り上げられていくのだから、

いっしゅん、いっしゅんを大切にするように、

「時間のじょうずな使い方」を知ることは、

あなたの人生をかがやかせることにつながっているの。

じゃあ、時間をじょうずに使うには、どうしたらいいのかな?

実は、これはとても難しいことで、

大人でも失敗してしまうことがあるんだって。

なぜ難しいのかというと、「こうしなさい」「こうすればだいじょうぶ」っていう

正解がないことだから。大人も子どもも関係なく、

自分で失敗して身につけていかなければならないの。

なんか難しそう?

だいじょうぶ! みんな、はじめからうまくいかないのは当たり前!

この本の主人公のみらいやそうたも、どうやらじょうずに

時間を使えていないみたい。

ふたりといっしょに、

時間のじょうずな使い方を練習していこう!

この本の主人公のみらいとそうた。
次のページからふたりといっしょに
時間の使い方を見ていくよ。

そうた

みらい

時間がじょうずに使えると、こんなにいいことがあるんだ。

Good time-use

時間が使え

美しく、キラキラした自分でいられる

規則正しい生活を送って、すいみんや食事などの時間をしっかりとることが、「美」の基本だよ。そして、出かける前のコーディネートチェックやヘアアレなど、身じたくに時間をかけられれば、いつでもおしゃれに自信がもてるね。

将来の夢に近づける

どんな夢も、今このいっしゅんの積み重ねの先にあるよ。たとえば、プロのスポーツ選手が活やくできるのは、毎日コツコツ練習を続けてきたおかげ。
まだ将来なりたいものがわからない子もいるかもしれないけれど、本当に自分がやりたいことが見つかると、どんなことでもがんばれるパワーが出てくるものなんだ。

人から信らいされる

「待ち合わせにおくれない」、「宿題を期日に出す」など、やくそくをきちんと守ることで、人に迷わくをかけずにすむし、人から信じてもらえるよ。

じょうずに　なると

好きなことを思い切りできる

スポーツや読書、工作など、何でも自分がやっていて楽しいと思うことや大好きなことに、思い切り時間が使えたら幸せだよね？

好きな人と楽しくすごせる

家族や友だちなど、あなたの大切な人と楽しい時間を共有することは、あなたの心を強くしてくれるよ。

自分のために時間を使える

好きなことにとことん夢中になったり、何もしないでのんびりしたり、自分らしくすごすことで自分自身を知ることができるよ。あなたは、あなたの人生の「主人公」！　自分のやりたいことを大切にね。

時間がじょうずに
使えるといろいろ
いいことがありそうだけど
私にもできるかなぁ？

だいじょうぶ！
みんなだれだって
最初からできた
わけじゃないから

おうちの人や
先生だって失敗しながら
時間の使い方を
身につけたはずだよ

そうなの？

ほら！

みらいの他にも
時間の使い方が
わからなくて
困っている子が
いるみたいだよ

学校（がっこう）から
帰（かえ）ったらすぐに
宿題（しゅくだい）をして

ただいまー

アン・ドゥ・トロワ

夕方（ゆうがた）5時（じ）からは
バレエのレッスン

帰（かえ）ったら
ごはん食（た）べて
おふろに入（はい）り

パクパク

将来（しょうらい）のために
英語（えいご）の勉強（べんきょう）も！

はぁ～！
全部（ぜんぶ）終（お）わった……

は。。

友（とも）だちに
借（か）りたまんが
明日（あした）までに読（よ）んで
返（かえ）さなきゃ～

あなたは どのタイプ？

自分のタイプを知って、
時間をじょうずに使おう！

時間をじょうずに使えない理由は、人それぞれ。自分のタイプを知れば、どんな時間の使い方をすればいいかがわかるよ。下の質問に「はい」「いいえ」で答えてね！

⇒ はい
→ いいえ

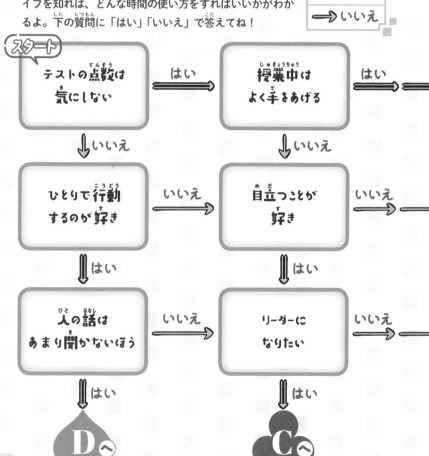

スタート

テストの点数は 気にしない —はい⇒ 授業中は よく手をあげる —はい⇒

↓いいえ（テストの点数は気にしない）
↓いいえ（授業中はよく手をあげる）

ひとりで行動 するのが好き —いいえ→ 目立つことが 好き —いいえ→

⇓はい（ひとりで行動するのが好き）
⇓はい（目立つことが好き）

人の話は あまり聞かないほう —いいえ→ リーダーに なりたい —いいえ→

⇓はい
⇓はい

D へ
C へ

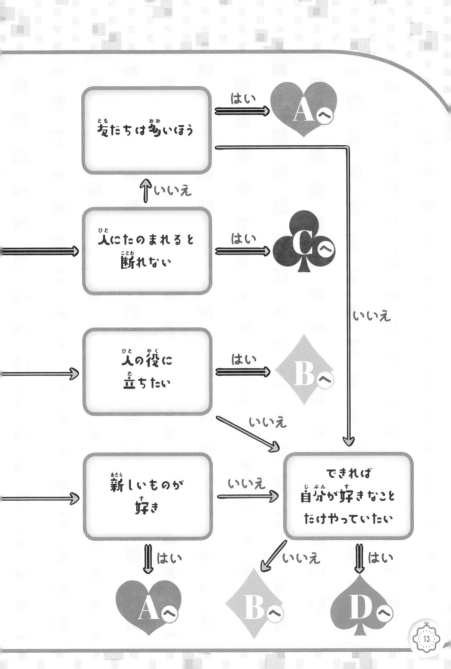

友だちは多いほう　はい　A へ

いいえ

人にたのまれると断れない　はい　C へ

いいえ

人の役に立ちたい　はい　B へ

いいえ

新しいものが好き　いいえ　できれば自分が好きなことだけやっていたい

はい　A へ

いいえ　B へ　　はい　D へ

13

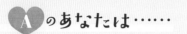

A のあなたは……

アリスタイプ
いつもノリノリ、好奇心のかたまり

どうしたらいい？ 1

●「やらなければ ならないこと」が ちょっと苦手なら、 ふせんに書いてやり おわったらはがして いくと、やる気アッ プ！

あなたのいいところ

・アイデアが豊富

・何でも楽しめちゃう

・いろいろなことに チャレンジできる

どうしたらいい？ 2

●計画を立てるときや、 やる気が出ないときは、 「どうしたら楽しくなる かな？」とアイデアをふ くらませてあれこれ試し てみるといいよ。

あなたはこんな人

好奇心がいっぱいで、い ろいろなことにチャレン ジできるところがあなた の強み。だけど、ちょっ とあきっぽくて、ひとつ のことをコツコツ続ける のは苦手みたい。やりた いことがたくさんあるか ら、宿題などやらなけれ ばならないことが後回し になってしまって、いつ もギリギリになってしま うよう。

どうしたらいい？ 3

●小学生が集中できる時 間は 15 〜 45 分と言わ れているよ。勉強する時 間は、タイマーで時間を 区切って、15 分やった ら 5 分休けいなど、メリ ハリをつけよう。

〈 シンデレラタイプ 〉

ほんわか心優しいいやし系

どうしたらいい？ 1

●時間に間に合うように、逆算するクセをつけて。計画を立ててから取り組むようにしよう。

あなたのいいところ

・のんびり、大らかで人から好かれやすい

・気持ちが優しく、まわりの人を幸せにしている

・やることがていねい

どうしたらいい？ 3

●おうちの人に協力をしてもらおう。表をつくってがんばったら、おうちの人にシールをはってもらうと、やる気が出そう。

あなたはこんな人

優しくて、人を喜ばせるのが好きなあなた。ほんわかしていて、まわりの人をいやす存在みたい。のんびりしているから、気がついたら時間がたっていることも。人に合わせるタイプなので、人のために時間を使って、自分のことが後回しになってしまうことがあるよ。

どうしたらいい？ 2

●計画を立てたら、その時間は集中するように。気が散らないように、まわりに関係がないものはおかないといいかも。

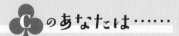 **C** のあなたは……

白雪ひめタイプ
がんばりやでたよれるリーダー

 どうしたらいい？1

リラックスする時間もつくろう。つかれたら無理をしないで休もう。

あなたのいいところ

・仲間をまとめるリーダーになれる

・何でも「できる」と前向きに取り組めるところ

・にげたり、あきらめたりしない

どうしたらいい？3

●ふせんにやることを書いて、ホワイトボードにはって管理をする方法がおすすめ。やることと、終わったことが目に見えてはっきりわかると、楽しく行動できるよ。

どうしたらいい？2

●計画を立てるときには、予定をつめこみすぎていないかを見直そう。今日やらなければいけないことと、別の日でもいいこととを分けて考えてみて。

あなたはこんな人

めんどう見がよくて、グループのリーダー的存在のあなた。クラスで活やくする場面が多く、友だちから尊敬され、先生からもたよりにされているみたい。だけど、人に弱みを見せるのが苦手で、無理してがんばってしまうところがありそう。ひとりでがんばりすぎないよう、ときには休んだり、人に任せたりもしようね。

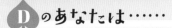

かぐやひめタイプ

クールで自分がしっかりある

あなたのいいところ

・自分の意見を
しっかりもっている
・好きなことは情熱的に取り組む
・研究熱心で、正確さにこだわる

あなたはこんな人

クールで、自分の考えを
しっかりともっているお
となっぽいタイプ。自分
で納得しないとやる気が
出ないので、行動するま
でに時間がかかってしま
うことも。だけど、自分
が興味をもったことは
とことんやるタイプなの
で、たとえば勉強でも、
好きな科目はどんどんは
かどるんじゃないかな？

どうしたらいい？①

●計画を立てるときは
ある程度大ざっぱさが
必要かも。時間内に終
わらないとイライラし
てしまうけど、よゆう
があればイライラも減
るよ。早めに終わった
ら、予定を前だおしに
することもできるよ。

どうしたらいい？②

いちばん興味がある
ことを中心にして計
画を立てるようにす
ると、好きなことを
する時間のために、
その他のこともがん
ばれるよ。

どうしたらいい？③

●机の上など目につくと
ころに、時計を置くよう
にしよう。正確さを大切
にするタイプなので、デ
ジタル時計がおすすめ。

17

CONTENTS

もくじ

Part 1　時間はだれのもの？

Part 4 夢をかなえる時間の使い方

ダウンロードもできちゃう♪ お役立ちシート

付録　おうちの方へ

時間は<ruby>時<rt>じ</rt></ruby><ruby>間<rt>かん</rt></ruby>は

だれのもの？

<ruby>時<rt>じ</rt></ruby><ruby>間<rt>かん</rt></ruby>はだれにでも<ruby>平<rt>びょう</rt></ruby><ruby>等<rt>どう</rt></ruby>に、<ruby>同<rt>おな</rt></ruby>じだけあるものだよね。この<ruby>章<rt>しょう</rt></ruby>では、<ruby>時<rt>じ</rt></ruby><ruby>間<rt>かん</rt></ruby>を<ruby>守<rt>まも</rt></ruby>ることはだれのためなのかを<ruby>考<rt>かんが</rt></ruby>えていくよ！

はぁ……。
またねぼうしちゃって朝からお母さんに
おこられた〜！

だったら早く起きればいいだろ。
みらいはさすがにちこくしすぎだって。

早くしなさい!!

……って
いつも
おこられちゃうんだ

だから お母さんに
おこられないように
時間の使い方を教えて!

ちょっと待って!
お母さんに
おこられないためなの?
みらいのためでしょ?

え?
そうなの?

——翌日

おはよー
ございまーす!

みらい
ちこくだぞ!

えへへ……

あ！　それ
読みたかったやつ！
次　貸してくれる？

……
貸さない

え？
なんで？

だって　みらいは
時間を守らないから
決めた日に返してくれない
かもしれないじゃん？

ガ゛ーーーーーン

どうしたの？

……
今日ね……

ピンポーン

時間を守るのは
だれのため？

さっきはごめん。言いすぎたかも。……ん？　っていうか、これ何？

え？　そうたにもタイミィが見えてるの？

ってことは、あなたも時間の使い方で困ってるんだね？

……まあ、親にガミガミ言われて困っているけどさ……。

ちょっと、ふたりとも！　時間を守るのはだれのため？

何でもおうちの人のせいにしていないかな？

朝起きることができなかったり、宿題をやらなかったりして困るのは自分だけ。おうちの人は困らない。ってことは、これらはすべてあなたの問題で、おうちの人の問題ではないということ。「だれかにおこられる」じゃなく、あなたの時間はあなたのものだから、いつまでもおうちの人をたよらずに、自分で考えて行動してみよう。

何でも人のせいにしているとこうなるよ！

↓

朝、起こしてくれなかったお母さんのせい

↓

お母さんが起こしてくれなければ、起きることができない

↓

自分を変えることができないまま

自分の問題だと思うとこうなる

↓

朝、起きられなかったのは自分の問題

↓

「どうすれば、自分で起きられるかな？」起きられるように工夫をする

↓

自分で起きられるようになる

↓

自分を変えることができる

「時間を守るのは自分のため」だということをまずは理解しよう！

時間を守らないとどうなる？

大事な話が聞けない

学校にちこくすれば、その分授業を受けることができないし、その間先生が話したことを聞くことができないね。

自分がいない間に先生が大事な話をしているかもしれないと考えると、授業を受けられないのは自分が損することにつながるね。

人から信じてもらえなくなる

時間を守る人は、時間を大切にしている人だしやくそくをきちんと守れる人。

時間を守る人にとって、時間を守らない人はだらしなく見えてしまうし、「信じてだいじょうぶ？」と心配になってしまう。事情があっておくれてしまうこともあるから、「1度くらいはしかたがないな」と思ってくれるかもしれないけど、何度も裏切られればもう信じてもらえなくなってしまうよ。

もし大人だったら、時間を守らないことで仕事をなくしたり、お給料がもらえなくなることだってありえるかも。

みんなに迷わくをかける

友だちとの待ち合わせの時間を守らなければ、みんなを待たせることになって迷わくをかけてしまう。遠足の集合時間も、ひとりがおくれると出発ができない場合があるよね。自分がそんな風に、だれかのせいで待つことになったらどんな気持ちがするかな？

チャンスがにげていくかも

たとえば、何かのオーディションを受けたいと考えていて、決まった時間に行くことができなければ、多くの場合はオーディションを受ける資格を失なってしまう。

中学や高校の受験でも、ちこくは電車がおくれるとか何か事情がない限りは認めてもらえないんだ。

時間はどうして大切なの？

「時間がもったいない！」ってよくお母さんから言われるけど、どういう意味なんだろう？

今はよくわからないかもしれないけど、子どもより長い時間を生きている大人は、こんな理由で「時間は大切」って思っているんだよ。

時間が大切な理由

時間はもどせないから

すぎた時間はどうしたって元にはもどせない。「あのとき、ああすればよかった」って後かいしてもおそいんだ。その時間は、そのとき限り一度きり。

時間には限りがあるから

時間はいっぱいあるような気がしていない？　だけど、時間は大人も子どもも、みんな平等に1日24時間しかないよ。どんなにいそがしくても時間を増やすことはできないし、だれかにたのんで借りることもできないよ。

「やること」があるから

限りがある時間の中で、大人も子どももみんなそれぞれ生きていくために「やること」があるから、時間をじょうずに使う必要があるんだ。

時間はみんなに平等で、どうすごすかも自由だけど、まさに「どうすごすか」がその人らしさにつながっているの。先ぱいたちに、聞いてみたよ。

どんな時間を大切にしていますか？

／インタビュー＼

ダンスが好きだから、ダンスのために
思い切り時間を使いたいな♪

会いたい人とすごす時間が大切。
仲よしのみんなと会うことで、
パワーをもらっているよ。

愛犬のタロウは、もうおじいちゃん。
残された時間は長くないから、
いっしょにすごす時間を大切にしているよ。

将来はデザイナーになりたいから、
雑誌を見たり、街でおしゃれな人の
ファッションをチェックしたりする時間が楽しいんだ。

時間を大切にしている人は、みんなキラキラしていて幸せそう。
私も、こんな風にステキな時間の使い方ができるようになりたいな。

時間の使い方は自分で考えよう

Good time-use

自分の時間は自分の好きに使おう

自分の時間は、自分だけのものだからどうすごすかはそれぞれ自由。家に帰ったら、友だちと遊んでも、まんがを読んでも、自分の好きに使ってOK。ただし、自分で考えて使っていいけれど、後で困るのも自分だということを理解し、「何時まで」という時間の管理も自分で考えよう。

え!?
自分の好きに使っていいの?

もちろん♪
……だけど、時間には限りがあるから、どう使うかは自分でしっかり考えないといけないよ。右のワークで、時間について考える練習をしてみよう!

時間について考えるときのヒント

正解はないよ

時間の使い方には正解はないので、自分でどうしたいかを自由に考えよう。人の意見を参考にするのはいいけれど、最終的には自分で決めようね。

何を大切にしたいかで考えよう

急ぐから短い時間ですむほうを選ぶのか、時間がかかっても楽しいほうを選ぶのか、そのとき何を大切にしたいかによって選ぶ道も変わってくるよ。

後の自分がどう思うかな?

こっちの道を選んだ場合、今の自分は楽だとしても、後の自分が困ったことにならないかな? 喜んでくれるかな? 少し先の自分、明日の自分、将来の自分を思いうかべてみよう。

ワーク
時間力アップ作戦
考えてみよう！

 どっちがいい？

自分がいいと思うほうを
まるで囲んでね！

★旅行するなら

目的地まで
飛行機でひとっ飛び

目的地までのんびり
各駅停車に乗って

★おやつ300円分買うなら

値段はふつうだけど、
近くにある
コンビニエンスストア

少し遠いけれど、
値段が安いおかし屋さん

★お話の主人公になるなら

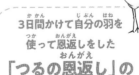

たくさんおもてなしを
受けて、帰ってきたら
おじいさんになっていた
「うらしまたろう」

3日間かけて自分の羽を
使って恩返しをした
「つるの恩返し」の
つる

大人はどうして「早く！」って言うの？

私だって急いでいるのに、どうして「早く！」って言うのかなぁ……。

オレも、よくおこられる〜。朝も夜も「早く」「早く」って……イヤになるよ。

大人は、子どもよりも先を考えることができる

あなたの時間はあなたのものだし、困るのもあなたなのに、おうちの人が「早く起きなさい！」「宿題しなさい！」と言ってくるのはどうしてだと思う？おうちの人は、あなたが起きてこなくても、宿題をやらなくても、本当は困らないはず。それなのにどうしておこるのかな？

それは、子どもよりも大人は人生経験があるから、少し先のことがわかるせい。早く起きなくてあなたが困るとかわいそうだと、先を考えて心配になってしまうからなんだ。

たとえば…

友だちと1時に会うやくそくをした女の子がいるよ。もう何分も前からお母さんは「早くしなさい！」っておこっているみたい。このお母さんはどうしておこっているのかな？

"大人めがね"をかけてみよう

ここに、大人の気持ちがわかる "大人めがね" があるよ。
これをかけて、左ページのお母さんの気持ちを見てみよう。

早く
しなさい！

おくれてる
じゃない！

お友だちを待たせてしまうと申し訳ないじゃない。
それに、お友だちにきらわれてしまわないか心配だわ。
仲が悪くなって悲しい思いをしたら、かわいそうだし。

ワーク 考えてみよう！

下のようにおこっているお父さんの気持ちを、"大人めがね"
で見て考えてみよう。

早く宿題を
しなさい！

シミュレーション
してみよう

「こうしたらどうなる？」と先のことを考えてみよう

自分の時間だから自分の思いどおりに使ってOK。だけど、たとえばおうちの人が「早く」と言っているのにしたがわなかったらどうなる？

そうやって、先のことを考えることを「シミュレーション」と言うよ。シミュレーションをしてみて、失敗して未来で大変なことになりそうなら、今どうしたらいいか考えたほうがいいよね？

★たとえば30ページの女の子だったら……

 お母さんに「早く！」と言われる

したがう（早く出かける）	したがわない（急がない）
↓	↓
待ち合わせに間に合う	30分ちこくする
↓	↓
時間どおりに1時からいっしょに遊べる	**どうなる？**

30分ちこくしたらどうなるか、続きは33ページのマンガで見てみよう！

他の人の時間も大切にしよう

自分の時間と同じように相手の時間も大切

だれにとっても時間は大切なもの。たとえば友だちを30分待たせれば、相手は時間どおりに来ていたのに遊ぶ時間が短くなるし、待っている30分で別のことができたかもしれない。何も連絡がなく待たされれば、「何かあったのかも」と心配にもなるよ。友だちや家族など、まわりの人の時間も、自分の時間と同じように大切にしようね！

待っている相手の気持ちを想像できるようにならないといけないね。

大人になって仕事をするようになったとき、時間を守れないと仕事がなくなってしまうこともあるんだよ。

★大人めがねをかけてみよう

仕事で時間におくれると……

待ち合わせにちこくすると……

仕事相手を待たせると、その相手が待っている時間でできたはずの仕事がそれだけできなかったり、おくれたりすることになる。そうやって迷わくをかけられた相手は、もうあなたと仕事したくないなと思ってしまうかも。

期日に間に合わないと……

宿題と同じように仕事には「この日までにやってください」というしめ切りがある。そのやくそくが守れないと、待っている相手が困ってしまうよ。信用をなくして、次の仕事はたのんでもらえなくなるかもしれない。

ワーク
時間力アップ作戦
考えてみよう！

1 友だちが30分ちこくしてきたよ。
どんなふうに思うかな？

2 30分ちこくしたことを謝ったのに、
相手のきげんが悪いよ。どうする？

待ち合わせに おくれないために

これからは、友だちを待たせないようにしたい！
だけど、どうしても家を出るのがギリギリになっちゃうんだよね……。

待ち合わせの時間から 逆算して行動しよう

「公園に1時に待ち合わせ」なら、何分に出れば間に合う？　公園まで10分かかるなら、12時50分に家を出ればいいね。そうやって引き算して考えることを「逆算」というよ。何時までに何をやるか考えたら、ホワイトボードなどに書いて忘れないようにしよう。

PM
1:00

ちこくしないためのコツ

タイマーをかけておく

「時計を見なくてうっかり！」をなくすために、出かける時間の10分前にタイマーをかけておくのがおすすめだよ。

よゆうをもって行動する

時間を逆算するときは、なるべくよゆうをもって考えるようにしよう。たとえば、公園まで10分で行けるとしても、とちゅうで信号に引っかかったり、何があるかわからない。待ち合わせの5分前に着くようによゆうをもって準備し、行動するようにしよう。

ワーク② 逆算してみよう！

友だちと午後1時に待ち合わせたよ。何時に何をすればいいかな？

待ち合わせは公園に

午後 1：00

家から公園まで10分くらい

★待ち合わせまでにやることは次の4つ

- ☐ お昼ごはんを食べる
- ☐ 歯みがき
- ☐ かみの毛をセットする
- ☐ 持っていくものを準備する

★それぞれどのくらい時間がかかる？

お昼ごはんを食べる ▶	［　　］分くらい
歯みがき ▶	［　　］分くらい
かみの毛をセットする ▶	［　　］分くらい
持っていくものを準備する ▶	［　　］分くらい

★何時に何をすればいい？

：	
：	
：	
：	
：	家を出る

それでもちこくしそうなときは？

★おくれることを連絡しよう

おくれそうだとわかっていれば、あらかじめ相手に伝えるのがマナーだよ。何も連絡がないと、「時間をまちがえたかも」とか「とちゅうで事故にあっていないか」なんて心配をかけてしまうかもしれないよね。相手のスマホやキッズ携帯に連絡を入れたり、相手の家に電話をかけておうちの人に伝えたりしようね。

好きなことを見つけよう

あれ？
時間のじょうずな使い方に自分の好きなことって関係ある？

関係、大ありだよ！　そうたは何が好き？

オレはサッカー！

でも、サッカー以外にもやらなければいけないことがあるよね？

……そうだよ、
宿題とか家でとってる通信教育のテキストとか……。

それを、早く終わらせてしまえば、その分好きなサッカーができるよね？「時間をじょうずに使える」っていうことは、たとえばそういうことなんだよ。

POINT

好きなこととは……

●だれにたのまれなくても、「やりたい！」って思えること。
●やっていると、あっという間に時間がたってしまうほど夢中になれること。
●考えただけでワクワクしてくること。

→ 98ページも見てね！

好きなことをする時間を いちばん大切に

時間の使い方を学ぶ本当の目的は、何だと思う？　健康にすごすため？　勉強や仕事のため？　人に迷わくをかけないため？……どれも正解だけど、いちばん大切なのは「好きなことをする時間をもつため」。あなたの好きなことは何？　心がワクワクするのはどんな時間？　それをしている時間がいちばんあなたらしく充実した時間なの。だから大切にしてほしいんだ。

好きなことがあるとこんなにいいことがある

好きなことがあると 毎日がキラキラかがやく

「好きなこと」をする時間があると、毎日楽しく生きられる。楽しいことなら、人はだれに言われなくても積極的になって、頭を使うし、心も前向きに。そんなとき人は幸せを感じて、大げさではなく生きる力もアップするんだよ。

好きなことのためなら がんばれる

「好きなこと」のためなら、他のこともがんばれちゃう。たとえば苦手なことやめんどうなことでも、「これが終われば、好きなことができる」って思えば、楽らくクリアできちゃうよ。

私は、そうたにとっての「サッカー」みたいに、「コレ」というものはまだないかも……。

でも、みらいだって絵をかいたり、まんがを読んだりするのは好きでしょ？　他にはどんなことが好き？　次のワークで考えてみよう！

ワーク 考えてみよう！

あなたは何が好き？　そうたみたいに、
「大好き」って言えるのは何かを考えていこう！

 どっちが好き？

| 外で遊ぶ | 家で遊ぶ |

| かくれんぼをするなら **かくれるほう** | かくれんぼをするなら **見つけるほう** |

| 大勢で遊ぶ | 少人数で遊ぶ |

 どっちを選ぶ？

正解はないから、自分の気持ちで自由に答えてみてね！

★食べるなら？

| まだ食べたことないけれど、 すごくおいしそうな料理 | 食べたことがあって、 好きな味の料理 |

★無人島に持っていくなら？

| 本を100冊 | ゲーム機1台 |

★暮らすなら？

(夏しかない国)　　(冬しかない国)

★無人島に連れていくなら

(犬)　(ねこ)　(さる)　(ロボット)

★イヤなのはどっち？

(1週間たったひとりで
すごさなければいけない)　(1週間ずーっとだれかが
いつもそばにいる)

★この世界からなくなったら困るのは？

(音楽)　　(文字)　　(絵)

3 自分だったらどうしたい？

★学校の教科の中で、ひとつだけだれよりも得意になれるとしたら
どの教科を選ぶ？

[　　　　　　　　　　　　　　　　　　　　　　]

★宇宙に行くなら何を持っていく？

[　　　　　　　　　　　　　　　　　　　　　　]

ワーク 考えてみよう!

4 今、1時間自由にできる時間があったら、何をしたい?

5 今、何でも手に入るとしたら何がほしい?

6 だれでもひとりだけ会いたい人に会えるとしたら、だれに会いたい?

7 今、何をやっている時間がいちばん楽しい？

8 7で答えた、あなたの好きなことを、もし仕事にするとしたらどんな仕事がある？

絵もまんがも工作も……
どれも楽しくて好きだし、
本当は何がいちばん好きなのかやっぱりまだ
わからないや。

好きなことは1こじゃなくて全然OK！
まだ、好きなことが見つからない子は、
「自分は何がやりたいかな?」
「好きなことは何かな?」って自分で自分に
質問をし続けていると、好きなことが見つかるよ！

column

楽しい時間があっという間に
すぎるのはどうして?

時間の感じ方は、心に関係がある

友だちと遊んでいるとあっという間に帰る時間になってしまうのに、苦手な科目の授業の時間はなかなか終わらない……なんて、思ったことはない? 時計の針は同じ速度で進んでいくけれど、時間の長さは人の心によって感じ方が変わるんだ。たとえば、楽しいときには時間は短く、つまらないときには長く感じるんだ。これは、つまらないときには「早く終わらないかなー」なんて時計を何度も見たりして、時間がすぎていくことに注意を向ける回数が多いからなんだって。時間について注意を向ける回数が多いと、それだけ「心の時計」に時間が刻まれてより長く感じるらしい。楽しいときは、時間について注意を向ける回数が少ないから、あっという間に時間がすぎていくんだね。

時間を長く感じるとき

・先生やおうちの人におこられているとき

・急いでいて、信号が青に変わるのを待っているとき

・退屈しているとき

時間を短く感じるとき

・好きなテレビ番組を見ているとき

・テストの問題を急いで解いているとき

・カラオケで歌いたい歌がいっぱいあるとき

サッカーの試合でも、負けていて必死で点を取ろうとしていると時間が短く感じられるけれど、勝っていて点を取られないように守っているときは長く感じるよ。

Part 2

時間感覚を
身につけよう

時間をじょうずに使うためには、まず「時間感覚」を身につけることが大切！　時間の感覚はどんなふうに身についていくのかな？

1時間くらいで終わると思っていたことが、想像以上に時間がかかっちゃうことってけっこうあるんだよね……。

みらいはまだ時間の感覚をつかみきれてないのかもね。ここでいっしょに勉強していこう♪

1時間後

難しくて……
ねむくなってきちゃった

ハァ…

すぐに終わるんじゃ
なかったの？

ふたりとも
ねる時間だぞ

やっと
ねむれ
……

……よし
終わった！

はーい

あー‼
習字の筆
洗わないと！

ギャ

ちあきは「時間感覚」が
まだ身についていない
みたいだね。

「時間感覚」って何？

Good time-use

時間をじょうずに使うためには
「時間感覚」を身につける必要があるんだ。

「時間感覚」とは？

今がだいたい何時くらいか、あること
をするのにどのくらいの時間が必要か、
など時間を感じ取る心のこと。「時間感
覚」が身についていないと、「早く」と
言われてもどのくらい急げばいいのか
わからないよ。まずは、時間感覚を身
につけ、「時間力」をアップしようね！

「時間感覚」はどうしたら
身につくの？

小学校で時計の読み方を習う7歳ごろ
から、時間の流れる感覚がわかるよう
になるけれど、子どものうちは時間感
覚をつかむのは難しいみたい。だけど、
ときどき時計を見て時間を意識するよ
うに訓練することで、少しずつ時間の
感覚がつかめるようになるよ。

今のあなたはどのくらい時間感覚が身についているかな？
右のワークで試してみよう！

ワーク 時間力アップ作戦 考えてみよう！

1 「10分」でできることは、次のうちどれ？
（当てはまるものすべてを☑しよう）

□ 次の日の学校の準備 　　　□ カレーを作る

□ サッカーの試合 　　　　　□ 好きな曲を１曲聞く

□ せんたく 　　　　　　　　□ 映画を１本見る

10分だから長い時間がかかることはできないよね……。

2 「3分」でできることと「30分」でできることを考えてみよう。

3分でできること

30分でできること

答えはないから、自由に考えて書いてみよう！

ワーク 予想してみよう!

3 今、何時ごろだと思う? 時計を見ないで予想してみて。

　　時　　　　分　ごろかな?

時計を見て
確認してみよう!

実際は 　　時　　　　分　だった。

予想した時間と、実際の時間を比べてどうだった?
予想と近かった子は、時間感覚があるみたい!

4 ストップウォッチやタイマーを
用意して、ぴったり
[1分] で止めてみよう。

5 いつも行くところまで
どのくらいの時間がかかるかな？　予想してみよう。

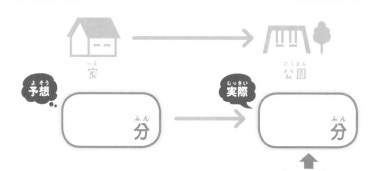

実際に計った時間を書こう。

 予想した時間と比べて全然ちがった！

 そのへんの見積もりのあまさが、ちこくの原因だな。

ふだんの自分の行動にどのくらい時間が
かかっているのかも、いろいろ計ってみよう。
こうしてかかる時間を意識することで時間感覚が育つよ！

2

時間感覚を身につけよう

1日の時間の使い方をふり返ってみよう！

「時間感覚」を身につけるために、まずは自分が1日の時間をどんなふうに使っているのか見直してみよう！

24時間をどのように使っているかな？

あなたは、1日何時間くらいテレビを見ている？　宿題にはどのくらい時間がかかる？　毎日、自分が何にどのくらい時間をかけているかを知ることも時間力アップのために必要なこと。時間は目に見えないものだから、紙に書いて目に見える形にするといいよ。

1日の時間をふり返るときのポイント

①　学校以外の時間を思い出す

学校では時間割に沿って行動しているので、今回は省略してOK。学校から帰ってきてからの行動を思い出して書こう。

②　行動はざっくりでOK

行動はあまり細かく考えず、歯みがきや着がえなどは、「ねる前のしたく」というふうにひとまとめにしよう。

③　テレビは見ているものとする

テレビがついていれば、集中して見ていなくてもその時間は「テレビ」の時間というように考えよう。

使える時間はどのくらい？

小学生は1日のうちだいたい7〜8時間くらい学校にいて、すいみん時間は9〜12時間くらいが理想だとすると、それ以外で使える時間はどのくらいかな？1日は24時間で、そこから、学校にいる7時間とすいみん時間の9時間をひいてみると……。

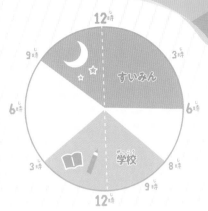

$$24 - 7 - 9 = ?$$

計算してみると、使える時間がそれほどないことがわかるよね？

えっ？
1日で使える時間って、8時間くらいしかないの!?

帰ってからねるまでは、だいたい5〜6時間だけど、自分が何をしたかはっきりわからないかも……。

まずは、自分が1日どんなことをしているかリストにしてみよう！

時間の使い方をふり返りリストアップしてみよう

使える時間はわずか数時間ということがわかったところで……、自分が何をしているか、考えたことはある？どんな時間の使い方をしたらいいかを考える前に、これまでの自分の時間の使い方をふり返ってみよう。紙に書いてみると、自分の時間の使い方がはっきりするよ。54、55ページのシートに、自分の行動を書きこんでみてね。

ワーク 時間力アップ作戦 リストにしてみよう！

朝 起きてから学校に行くまでの間に、いつもやっていることをすべて書き出してみよう。
（月曜～金曜のうちのいつでもいいよ。）

- _____
- _____
- _____
- _____
- _____
- _____
- _____
- _____

- _____
- _____
- _____
- _____
- _____
- _____
- _____
- _____

えっと……「朝ごはんを食べる」「はみがき」「洗顔」「着がえ」でしょ？　あとは「テレビを見る」？

54

<ruby>午後<rt>ごご</rt></ruby>〜<ruby>夜<rt>よる</rt></ruby> ☆ <ruby>学校<rt>がっこう</rt></ruby>から<ruby>帰<rt>かえ</rt></ruby>ってから<ruby>夜<rt>よる</rt></ruby>ねるまでの<ruby>間<rt>あいだ</rt></ruby>に、いつもやっていることをすべて<ruby>書<rt>か</rt></ruby>き<ruby>出<rt>だ</rt></ruby>してみよう。

- ●
- ●
- ●
- ●
- ●
- ●
- ●
- ●
- ●
- ●
- ●
- ●

- ●
- ●
- ●
- ●
- ●
- ●
- ●
- ●
- ●
- ●
- ●
- ●

このシートはダウンロードできるよ！

http://www.shin-sei.co.jp/np/isbn/978-4-405-01248-6/

規則正しい生活が大切

毎日の早寝早起きが時間力を育てる

時間の使い方で最も大事なのは、毎日の早寝早起き。人間の体には「体内時計」（→146ページ）があり、日がのぼると目が覚めて、夜はねむくなるようにできているの。体内時計のリズムはだいたい24時間。これがずれると体の調子が悪くなってしまうよ。

また、24時間規則正しくすごすことで、時間の長さが体でわかり、時間感覚も育つんだ。

生活に必要な時間はけずらない

毎日のすいみんや食事の時間は、健康にすごすために必要な時間だよね。特に成長期の小学生は、いそがしいからといってすいみん時間をけずったり、ごはんを食べなかったりすることがないようにしよう。生活に必要な時間には右のようなものがあるよ。

生活に必要な時間

● すいみん時間

● 食事の時間

● おふろの時間

● 着がえ、身じたくの時間

小学生なら、すいみん時間は9～12時間くらいとったほうがいいんだって。

すいみん時間が短いとどうなる？

脳や体の働きが悪くなる

すいみんには、体や脳を休ませて回復させる働きがあるよ。不足すると脳の働きが悪くなり、記おく力などが低下してしまう。

体調をくずしやすくなる

すいみん不足になると、人間の体を病気から守る「免疫力」が低下して病気になりやすくなるんだ。

ヘアやおはだによくない

ねている間に「成長ホルモン」が分ぴつされ、美しいはだやかみを作ってくれる。すいみんが不足すると成長ホルモンが分ぴつされなくなっちゃう。また、食欲が増すホルモンが増えて太りやすくなるんだって。

イライラしてしまう

おそい時間に強い光を浴びる生活は、脳にえいきょうをおよぼし、気分を不安定にしたり心のバランスを悪くしたりする可能性があるんだよ。

当然、勉強できなくなる

当然、日中ねむくなってしまうから、授業中にボーっとしてしまったり、元気よく動けなくなったりするかもしれないよね。

夜おそくまで起きていると、自分の体にこんなによくないんだな……。

朝は自分で起きよう

毎朝、自分の力で起きよう

あなたは、朝きちんと自分で起きてる？　時間は自分のものなのだから、朝も自分の力で起きて当然。だれかに起こされないと起きられないようではちょっとカッコ悪い。できれば自分専用の目覚まし時計を用意して、学校に間に合う時間に目覚ましをセットして、自分の力で起きるようにしよう。

朝起きるの、苦手なんだよな〜。毎朝、母ちゃんにおこられて、やっと起きてるよ……。

私も、朝苦手！やっと起きても、ねむくてねむくて……。

ちょっと、ふたりとも。夜ねる時間がおそかったり、ねる前にこんなことしていない？

朝の目覚めは夜ねる前の行動で決まる

まず、朝起きられない原因としてすいみん時間が足りているかチェックして。小学生なら9〜12時間はしっかりねよう。また、ねる前にスマホなどから発せられるブルーライトを浴びるとしっかりねむれなくなるという研究結果があるの。ねる時間ギリギリまでゲームをするのも興奮してうまくねむれない原因になるよ。

朝すっきり起きる作戦！

作戦 1 ☽ ☆ 夜やること

目覚ましを
はなれた所に置く

すぐそばにあると、目覚ましをけした後もう一度寝てしまうかもしれない。少し体を動かすことで、目も覚めるよ。

作戦 2 ☽ ☆ 夜やること

パジャマを着る

パジャマはねるために作られたものだから、体をしめつけることなくぐっすりねむることができるんだ。ぐっすりねむれれば、すっきり目を覚ませるよ！

作戦 3 ☽ ☆ 夜やること

ぬるめの
おふろに入る

夜ねる前に、ぬるめのおふろで体をゆっくり温めると、ぐっすりねむることができるんだって！

作戦 4 ☀ 朝やること

耳を引っぱる

耳にはツボが多くあるの。耳を両手で軽く引っ張ることで、血流がよくなって目が覚めるらしいよ。

作戦 5 ☀ 朝やること

カーテンを開けて
光を浴びる

朝の光を浴びることで、体内時計が調整されるみたい。カーテンを開けて部屋に光を入れるのは、自然な目覚めをうながすのでおすすめだよ。

放課後のスケジュールを自分で立ててみよう

限られた時間をうまく使うためにスケジュールを考えよう

宿題や習い事、遊びなどやらなければならないことややりたいことがたくさんあるよね。限られた時間で、やることをきちんとやるためには、計画を立てることが大切。自分で計画を立てて、スケジュール管理ができれば、時間がなくて困ることはないよ！

計画を立てるのか……。ちょっと苦手だなぁ。

だいじょうぶ！次の手順で考えていけば楽勝だよ！

・放課後のスケジュールの立て方・

❶ やることを考えて書く

学校から帰ってから夜ねるまでに「やること」をすべて書き出そう。　→ 62 ページ

❷ ふせんを2色に分ける

「やること」を、「やらなければならないこと」と「やりたいこと」のふたつに分けよう。　→ 66 ページ

❸ いつやるか考える

「やらなければならないこと」や「やりたいこと」をいつやったらいいか、やる時間にふせんをはってみよう。　→ 69 ページ

❹ 優先順位を考える

ふせんをはった表を見直すよ。優先順位はこれでよいか考えよう。　→ 74 ページ

❺ ふせんをはり直す

優先順位がわかったら、もう一度やる時間にふせんをはり直そう。　→ 78 ページ

❻ スケジュールの完成！

ふせんをはった時間を見ながら、「放課後のスケジュール」を書こう。　→ 80 ページ

タイプ別 スケジュールを立てるコツ

アリスタイプは……

コツ1 ずーっと同じことをしているとあきてしまうし、効率が落ちるので、間に休けいをはさんで。

コツ2 ただし、休けいが長くなりすぎると、やらなければならないことが終わらなくなってしまうので、タイマーなどで時間を決めて。集中するときと休けいするときで、メリハリをつけよう。

シンデレラタイプは……

コツ1 いっぱい予定をつめこみすぎるとうまくいかなくなってしまうので、時間によゆうをもった計画にしよう。

コツ2 計画を立てたら、タイマーやアラームで時間を区切りながら、その時間内は集中するように意識しよう。何時までに何をやるか、ホワイトボードなどに書いておくと、忘れないでできるよ。

白雪ひめタイプは……

コツ1 今日やることと、1週間のうちのどこかでやればいいことを分けて、予定をつめこみすぎないように注意してね。

コツ2 自分のやりたいことやのんびりする時間も、計画に入れるようにしよう。人にたのまれると断れないところがあるみたい。自分がやりたいことを優先するのは悪いことじゃないよ。

かぐやひめタイプは……

コツ1 計画がうまくいかないときは、気持ちを切りかえて、別の日にやったり、計画を見直せばOKだからね!

コツ2 自分のやりたいこと、好きなことには情熱をもって取り組む人だから、好きなことをする時間を取れるような計画にするのがおすすめ。やりたいことのために、他のこともがんばれちゃうよ。

放課後のスケジュールを立てる

1 やることを考えて書こう

まずは「やること」を明確にしよう

計画を立てて時間をじょうずに使うためには、その時間内で「やること」を自分ではっきりとわかっていないといけないよね。「やること」には、宿題だけじゃなく、ごはんを食べたり、おふろに入ったり、生活に必要な時間（56ページ）もふくまれているよ。ここでは、学校から帰ってきてから夜ねるまでのスケジュールを考えるから、55ページのリストを参考にして、自分がやることをすべて紙に書き出してみよう。

そうたの場合

- ●宿題
- ●通信教育のテキスト
- ●夕ごはんを食べる
- ●おふろに入る
- ●サッカーの練習
- ●ランニング
- ●テレビを見る
- ●ゲームをやる
- ●学校の用意

用意しよう ふせんを2色用意！

「やること」を書き出せたら、次にそれを「やりたいこと」と「やらなければならないこと」に分けていく作業をするよ（→ 66 ページ）。できれば、はってもはがせる「ふせん」を色ちがいで 2 色用意してね。

ふせんが家になければ、右のふろくを使ってもOKだよ！

63

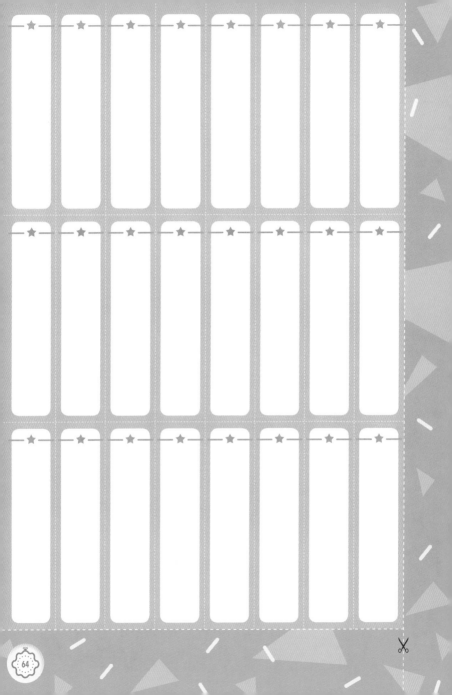

64

ふせんの使い方

63、64ページは、線にそって切り取って、ふせんとして使ってね。

1 63、64ページを本から切りはなそう。

このミシン線にそって
切り取るよ。

♥——♥——♥——♥

2
このたて線と横線に
そって、バラバラに
切っていこう。

♥——♥——♥——♥

cut!

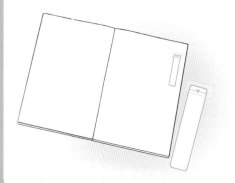

3
ページにはるときは、
マスキングテープで
はってね。

2 ふせんを2色に分けよう

「やらなければならないこと」と
「やりたいこと」に分けてみよう

やることをすべて書き出したら、それ
を「やらなければならないこと」と「や
りたいこと」に分けて、ふせんに書こ
う。このとき、「やらなければならな
いこと」と「やりたいこと」で、ふせ
んの色は変えよう。たとえば、「宿題」
や「夕ごはんを食べる」は「やらなけ
ればならないこと」だね。「まんがを
読む」「テレビを見る」は、「やりたい
こと」だよね。

or

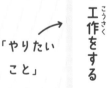

「やりたい
こと」

工作をする

★
学校の宿題

「やらなければ
ならないこと」

2つに分けられたら、それぞれ67ページの表に
はりつけてみようね！

やらなければならないこと	やりたいこと

このシートはダウンロードできるよ！

http://www.shin-sei.co.jp/np/isbn/978-4-405-01248-6/

ふせんをはってみて
どんなことに気がついた？

みらいの場合

自分で分けたふせんを改めて見てみよう。
どんなことに気づくかな？

やらなければならないこと	やりたいこと
★ピアノの練習 / ★学校の宿題 / ★じゅくの宿題 / ★おふろに入る	♥ゲームをやる / ♥テレビ（動画）を見る / ♥まんがを読む / ♥友だちと遊ぶ
★夕ごはんを食べる / ★学校の準備 / ★部屋の片づけ / ★お手伝い（おふろを洗う）	♥おやつを食べる / ♥絵をかく / ♥工作をする / ♥ゆっくりする

「やらなければならないこと」って
こんなにいっぱいあるんだ！？

「やりたいこと」もいっぱいあるけど、
これが全部、学校から帰ってきてから
できるかなぁ？

ピアノは好きだけど、練習はちょっと
きらいなのかも……。

放課後のスケジュールを立てる

3 いつやるか考えよう

いつやるかを考えてふせんをはっていこう

「やらなければならないこと」と「やりたいこと」について、学校から帰ってからねるまでの間のいつやるかを考えよう。

いつやるかを考えたら、70〜71 ページのシートに、ふせんをはっていこうね。いつ何をやるか、自分の時間だからまずは自由に考えてはってみよう。

自由って言われても難しいなぁ。「おふろを洗う」のは「おふろに入る」の前じゃなきゃだめだよね？

だいたい 3 時半〜 4 時に帰ってきて、オレはねるのが 9 時半だから、使える時間は 6 時間くらいか……。サッカーの練習は暗くなる前にしたいし。

まずは自分で自由に考えてみて、いつやるか、ふせんをはっていこう！

ワーク ふせんをはろう！

家に帰ってからねるまでにやることを
「いつやるか」考えながら、下の表にはっていこう。

4時   5時   6時

やり方 ·····················

1️⃣ 学校から帰ってくる時間に線を引こう（だいたいでいいよ）。

2️⃣ 毎日ねる時間を決めて線を引き、下に「ねる」と書こう。

3️⃣ やる時間を考えながら、ふせんをはっていこう。

7時　　　　　8時　　　　　午後
　　　　　　　　　　　　　　9時

このシートはダウンロードできるよ！

表を見て、どんなことに気がついた？

70～71 ページのシートに、やることを書いたふせんははれた？
そのシートを見て、どんなことに気がついた？「やらなければならないこと」や「やりたいこと」がいっぱいだと、6 時間くらいの間で全部やろうとするとなんか大変かも……って気がしてこない？

みらい の場合

午後3時　4時　5時　6時　　　　7時　8時　午後9時

ねる

- 友だちと遊ぶ
- おやつを食べる
- 工作をする
- ゆっくりする
- 絵をかく
- ★学校の宿題
- じゅくの宿題
- ピアノの練習
- ★お手伝い（おふろを洗う）
- ★学校の準備
- ★部屋の片づけ
- ★夕ごはんを食べる
- おふろに入る
- まんがを読む
- ゲームをやる
- ★テレビ（動画）を見る

6 時から夕ごはんを食べる 7 時までの間、やらなければならないことがいっぱいだぁ。

やりたいことがたくさんあるけど、8 時から 9 時までに、こんなにできるかなぁ？

72

ワーク

気づいたことを書こう！

自分でつくった表を見て考えたことを自由に
書いてみて！

4 優先順位を考えよう

自分にとって何が重要で何が急ぎかな？

70 ～ 71 ページのシートにふせんをはるとき、何を基準にはったかな？ 1 日にやることがいくつかあって、「なんとなく」順番でやっていては、ねる時間までに終わらないことも出てくるかもしれないね。その日にどうしてもやらなければならないこと、たとえば「宿題」はきちんとその日にできるように、やることの中でも「重要度」「急ぎ度」を考えて、スケジュールを考えるようにすると、時間がうまく使えるようになるよ。

「重要度」とは？

やらなければ自分が困ってしまうこと、たとえば「夕飯を食べる」などは、重要度が高いね。また、どうしてもやりたいことも重要度は高いよ。

「急ぎ度」とは？

なるべく早くやらなければいけないことは、「急ぎ度」が高い。たとえば……「宿題」と「具合が悪いから病院へ行く」なら、「病院へ行く」ほうが急ぎ度は高いよね。

優先順位を考えるときは
図を使ってみよう！

「重要度」「急ぎ度」は、右のような図を書いて考えてみよう。次のページに同じものがあるから、「やらなければならないこと」「やりたいこと」のふせんをはって、優先順位を整理してみてね。

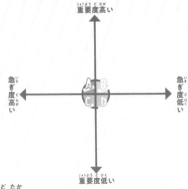

重要度高い

↑

A 今日やらないといけない大事なこと。重要で急ぎ。

B 今日じゃなくてもいいけど、やらなくてはいけないこと。

急ぎ度高い ←

→ **急ぎ度低い**

C 今日やらないといけないけれど、あまり大事ではないこと。

D いつやってもいいし、大事ではないこと。

↓

重要度低い

この作業をすると、どっちを先にやったらいいのか優先順位がはっきりして、すぐに行動に移ることができるようになるよ！

ワーク ふせんをはろう!

「宿題」は、今日やらなければいけないことだから A かな?

急ぎ度高い

「ピアノ」は、まだ発表会まで時間があるから重要度は低いけど、毎日練習しなきゃだし、暗くなる前にひかなきゃだから、私にとっては C かな?

好きなまんがを読んだり、テレビを見たりする時間も、重要な時間と考えてもいいよね。家でとっている通信課題は、今日じゃなくてもいいから B かな？

重要度高い

急ぎ度低い

重要度低い

もしかしたら、C や D がない人もいるかもしれないね。その場合は A と B の中でも特に急ぎでやったほうがいいことを優先しよう！

このシートはダウンロードできるよ！

http://www.shin-sei.co.jp/np/isbn/978-4-405-01248-6/

放課後のスケジュールを立てる

5 ふせんをはり直そう

優先順位を確認しながら
やる時間を決めよう

76～77ページの優先順位を確認したら、重要なものと急ぎでやったほうがいいものを優先して、やる時間を決めていこう。今日やらなくてもいいことは、1週間のうちの時間があるときに予定を回してもいいね（→102ページ）。

「学校の宿題」と「ピアノ」は帰ってきてからすぐにやって、「工作」は、宿題が終わってから「夕ごはん」の前の時間でやろうかな？

ワーク 考えてみよう！

★ふせんをはり直すときのポイント

● 「重要度」と「急ぎ度」が高いものから、やる時間を決めていこう。

● 「やらなければならないこと」を先にやってしまえば、「やりたいこと」に使える時間は多くなるよ！

● ふせんを全部はる必要があるか考えよう。今日じゃなくてもいいことや、重要ではないことのふせんは、休みの日や時間があるときに回せないかな？

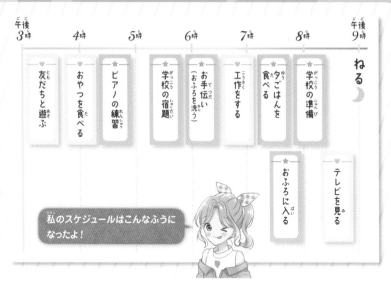

午後３時　４時　５時　６時　７時　８時　午後９時

友だちと遊ぶ

おやつを食べる

★ピアノの練習

★学校の宿題

★お手伝い（おふろを洗う）

工作をする

夕ごはんを食べる

★学校の準備

★おふろに入る

テレビを見る

ねる

私のスケジュールはこんなふうになったよ！

ふせんを使ったうらワザ

ゲーム　おふろ　ドリル　ピアノ

「やらなければならないこと」と「やりたいこと」を色分けしたら、ホワイトボードなどにやる順番にはっていこう。それを見えるところにおいておき、ひとつやり終えるごとにふせんをはがしていくと、やり忘れを防げるし、「やった！」という達成感を味わえるよ！

１〜５の手順でスケジュールを立てる時間がない人も、ふせんを使って「やりたいこと」「やらなければいけないこと」を区別するだけで時間の使い方はレベルアップするよ！

ワーク 放課後のスケジュールを書こう！

やり方

❶ 81ページをコピーしたり、この本のサイトから「放課後のスケジュール」をダウンロードしよう。

❷ 78~79 ページでふせんをはって考えた時間を、書きこんでいこう。

そうだ の放課後のスケジュール

サッカーがうまくなりたいから、毎日の練習とランニングは欠かせないんだ。

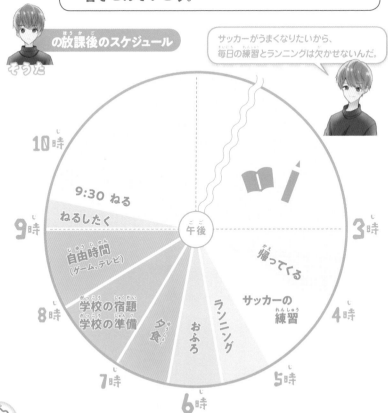

- 10時
- 9:30 ねる
- ねるしたく
- 9時
- 自由時間（ゲーム、テレビ）
- 8時
- 学校の宿題 学校の準備
- 夕食
- 7時
- 午後
- おふろ
- ランニング
- 6時
- 5時
- サッカーの練習
- 帰ってくる
- 4時
- 3時

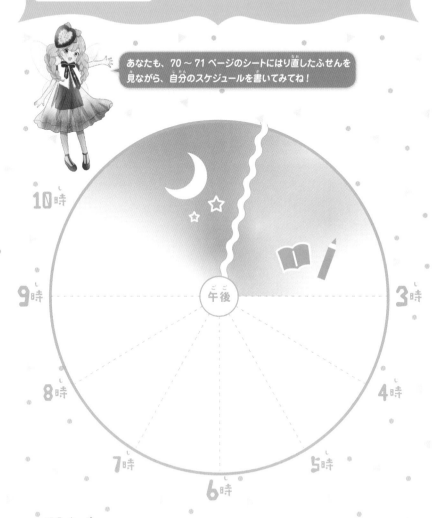

名前 ▢ の 放課後のスケジュール

あなたも、70 ～ 71 ページのシートにはり直したふせんを
見ながら、自分のスケジュールを書いてみてね！

10時

9時

8時

7時

午後

3時

4時

5時

6時

「放課後のスケジュール」はダウンロードできるよ！

http://www.shin-sei.co.jp/np/isbn/978-4-405-01248-6/

計画どおり実行するにはどうしたらくくい？

Good time-use

大人でも、計画どおりにいかないことはよくあるよ。
そんなときは、計画や進め方を見直してみよう！

考えて立てた計画でもうまくいかないことがある

自分でしっかり考えて立てた計画だけど、気がついたら時間がすぎていた……などうまくいかないのはよくあること。計画がうまくいかない理由はどれかな？　主に下の３つが考えられるよ。自分がうまくいかないのはどうしてか考えて、当てはまる対策を見てみよう。

計画がうまくいかない主な理由は3つ

1 ギチギチ

計画通りにやっているのに、予定通りに終わらないのは、やることがギチギチにつめこまれすぎて、計画自体に無理があったのかも。

→ 84、85ページを見てみよう！

2 やる気が出ない

やろうとしてもやる前にめんどうくさくなってしまって、手をつけるのがおそくなってしまう。自分でやると決めた計画だから、うまくやる気を出す方法を考えてみよう。

→ 86〜89ページを見てみよう！

3 気が散る

計画どおりに始めたものの、と中であきちゃって、ちがうことしてしまい、気がついたら予定の時間がすぎている……。

→ 90、91ページを見てみよう！

私は計画は
きっちり立てる
タイプ！

よし！
じゅくは終わったし
6時半には家に帰れそう……

ねえねえ
あの動画見た？

え？

しゃべってたら
おそくなった〜！
6時半から宿題する
予定だったのに！

ただいま〜！！！

少し
休んだら？

7時からごはんだから
それまでに終わらせるの!!

＜こうするといいかも……＞

計画に無理がないかを見直そう

計画どおりにやっているのに終わらないのは、使える時間とやることにかかる時間とが合っていないせい。まず、計画を見直して、「やること」をつめこみすぎていないか確認をしよう。優先順位をつけて、今日やらなくてもいいことは休みの日にするなど、調整するようにしたらいいよ。

「計画を立てる」→「やってみる」→「無理がないか確認する」→「計画を立て直す」をくり返して、無理がないスケジュールを立てていこうね！

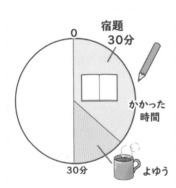

宿題　30分

かかった時間

30分　よゆう

0

時間によゆうをもたせる

たとえば、宿題を10分でやると計画を立てたとして、その時間に終わらないようなら時間を増やそう。計画を立てるときは、時間に少し「よゆう」をもたせるのがコツ。習い事の行き帰りの時間も、ピッタリではなく、5分、10分よゆうを見て計画に組みこもう。

息ぬきの時間も必要

やらなければならないことがいっぱいあるかもしれないけれど、1時間も2時間も同じことをずっと続けるのは実は効率があまりよくないみたい。集中してやるためには、息ぬきの時間を間にはさむといいよ。

長時間勉強をし続けると、つかれてしまうし、続かないよね。

《 こうするといいかも…… 》

考えれば考えるほど大変度が増す

やるべきことをする前に、「めんどくさいな」とか「大変そうだな」と考え出すと、どんどんやりたくない気持ちが大きくなってしまうよ。本当は、今あなたがやらなければならないことは、それほど大変なことじゃないはず。考えすぎて「めんどくさい」という気持ちが大きくなってしまう前に、とにかくはじめてしまうのがポイント。また、やるべきことを小さなことに区切ると大変さが少なくなるよ。

「やらなければならないこと」でも楽しみを見つける

どんなことでも「やだな〜」と思いながらやっていると、苦しいし、なかなか進まないもの。人間の行動と脳はつながっているので、「イヤだ」と思うと行動もノロノロになるみたい。逆に「やるゾ」と思えば行動も早くサクサク終わるということ。そこで、苦手でいやだと思うことでも、楽しく「やるゾ」と思えるように工夫してみよう。

たとえば…

・漢字の書き取り練習なら、好きなアイドルの名前で例文を作ってみる
・計算ドリルなら、タイマーで時間を計って最速を目指してみる

やる気を出すテクニック

タイマーを使おう①

前のページの例みたいに、計算ドリルの宿題などはタイマーで計って「速く解くこと」を目標にやってみると、やる気もアップするし、早く終わるし一石二鳥。

15分やったら5分休む

子どもの集中力が続くのは15分と言われているよ。そこで、15分集中したら、5分間脳を休ませるようにしてみよう。

リフレッシュすると、またやる気もわいてくるよ。

タイマーを使おう②

30分間ずっと集中するのは難しくても、もう少し短い時間、たとえば5分と決めてタイマーが鳴るまでその時間はとにかくやる！ としてみよう。すごい集中力を発っきできるよ！

やることリストを見えるところにはる

やることをふせんに書いて、見えるところにはっておこう。目で見える形で書いてあると、「よし、やっちゃおうか！」という気持ちになれるはず。

作業を分解しよう

すごく大変に思えることでも、作業を分解してみると、なんだかできそうな気がしてくるよ。たとえば、調べ学習の宿題なら、「テーマを決める」「本を選ぶ」「本を読む」「わかったことを書き出す」「まとめる」と作業を分けられるね。

ここにある方法でもいいし、別の方法でもいいから、自分のやる気をアップさせる方法を知っていると、いろんなことにチャレンジできる自分になれちゃう！

ゴール

最初のステップを簡単にする

「めんどくさそうだな」と思ってしまいそうなことは、最初の一歩を簡単にして、とにかくはじめてみよう。漢字の書き取りの宿題なら、まずは「筆箱とノートを机に出す」。次に、「1文字でも1行でもまずは書いてみる」とかね。

ちょっとした〝お楽しみ〟を用意する

「この宿題が終わったら、とっておいたチョコレートを食べよう」とか、がんばったごほうびを自分で用意しよう。たとえば、「毎日ピアノを15分練習する」と決めたら、自分でポイントカードを作って、終わったらスタンプをおすとか。ポイントがたまったら何か特別なごほうびを準備すると、やる気が出るね！

完ぺきにこだわらない

やる前にめんどくさく思ってしまう人の中には、「完ぺきにやらないと」とか「失敗したくない」という気持ちが強い人もいるよ。ていねいにやることは大事なことだけど、家でやる宿題は練習なのだから、失敗してもまちがえてもそこで学べばいいんだよ。

ポイントカード

5分後

17時	帰宅
19時	勉強
21時	夕食&お風呂
	寝る

よーっし!
勉強タイム!
宿題を先に終わらせるぞ!

なんか
集中できないなぁ

ちょっとだけ
息ぬきに……

1時間後

ああー!! もうこんな時間!!
今日こそ早く終わらせる
つもりだったのに!!

《 こうするといいかも…… 》

タイマーを使って15分間集中する

前のページでも説明したけれど、子どもが集中できる時間はだいたい15分。15分やると決めたら、タイマーをかけて、その時間は他のことを考えずにそのことだけをやろう。そうやって、メリハリをつけて時間を使うことが大事だよ。

勉強するスペースに関係ないものをおかない

勉強するときには、机の上には勉強道具しか出しておかないこと。机の上に、まんがやゲームがあると、勉強中に目に入ってしまうし、気が散る原因になってしまう。机や部屋の片づけができている人は、だいたい時間の使い方もじょうずみたい。

家族に宣言をする

「この時間は宿題をするから！」などと、家族に宣言してしまおう。声に出して言うことで、自分のやる気も出てくるし、家族も応援してくれるはず。いつも遊びに誘ってくるきょうだいも、おとなしくしていてくれる……かも？

宣言しちゃうと、サボることもできなくなるな……。

テレビや動画、ゲームは時間を決めよう

テレビ（動画）やゲームは、時間を決めて楽しもう

1日のスケジュールを立ててみて気がついたと思うけど、1日でやらなければならないことはけっこうあるよね。テレビやゲームを時間の制限なく見たりやったりしていれば、やらなければならないことができなくなってしまう。テレビやゲームは、刺激を次々にあたえることで人を夢中にさせ、時間の感覚をわからなくさせてしまうものなんだ。だから、自分で時間を決めて、その間で楽しむようにしようね。

テレビがつけっぱなしだと、特に見たくなくてもつい見続けちゃって時間がたってしまったりするよね……。

見たい番組を見る時間は楽しい時間だけど、何かをしながらの「ながら見」やダラダラテレビを見ている時間は、テレビの内容を楽しめていないし、ちょっともったいない時間のすごし方かも。

自分で時間を決める

スケジュールを決めるのも、実行するのも自分。だから、そのスケジュールの中で、ゲームはどのくらいの時間やっても OK かを自分で考えて、自分で決めよう。

家族に宣言しよう

ルールを決めたら、家族にも伝えよう。人に宣言すると、守ろうという気持ちも強くなるよ。もしかしたら、「ゲームの時間を守らなければ、ゲーム禁止」というルールがあるおうちもあるかもしれないね。だけど、バツを受けるからルールを守るのではなく、自分で決めたことだから守るようにしてほしいな。

「ゲームは 1 日 10 時間」なんて決めて、他のことができなくて困るのも自分だしな……。

テレビを見る時間がないときは録画をする

自分でスケジュールを決めて、見たい番組を見ることは楽しみのひとつなので OK。だけど、見たい番組とやらなければいけないことが重なった場合は、どっちを優先したらいいか考えよう。テレビは録画して、後で見ることができるよね？

動画もルールを決めて見よう

インターネットの動画は、いつでも好きな時間に見ることができるけれど、他の動画へ誘導されたりテレビ以上に自分でやめようと思わなければやめられないもの。動画も 1 日 1 時間とか、1 日 3 本までなどと、自分でルールを決めよう。タイマーや目覚まし時計などをセットして自分で時間を管理することが大切だよ。

ワーク テレビや動画、ゲームの時間を決めよう！

81ページで書いた放課後のスケジュールで、やりたいことができる自由な時間はどのくらいある？

自由時間は

1日　　　　　　時間

↓

★そのうち、「テレビ、動画、ゲーム」に使っていい時間はどのくらい？

テレビ、動画、ゲームの時間は

1日　　　　　　時間

オレの場合は、自由な時間は約3時間。いちばんやりたいことはサッカーだから、サッカーの練習とランニングに約2時間使い、残りの1時間はテレビやゲームで使える時間にしたよ。

テレビは何を見たい？　見る番組を書いておこう。

月	（　：　～　：　）
火	（　：　～　：　）
水	（　：　～　：　）
木	（　：　～　：　）
金	（　：　～　：　）
土	（　：　～　：　）
日	（　：　～　：　）

★上の番組の中で絶対に見たいものは？
　上位3位まで〇をつけてみよう。

3 テレビや動画、ゲームとのつき合い方を自分で考えて、
　ルールを下に書いておこう。

私の考えたルールは、「平日はゲームをしない」
「土日はゲームは2時間まで」だよ！

時間をじょうずに使うテクニック

おふろの順番を待っているときとか、習い事に行くバスの移動時間とか、ちょっとしたすき間時間は探すと意外とありそう！

すき間時間を利用する

すき間時間とは、夕飯ができるのを待っている時間などポッカリ空いた時間のこと。そうしたすき間時間は5分や10分など短い時間かもしれないけれど、その短い時間でできることはないかな？　学校の準備とか、音読の宿題とか、できそうだよね。

短い時間を重ねる

毎日5分でも、1か月で150分と積み重ねると長い時間になるね。時間がかかる作業は、短い時間に分けてやることもできるよ。たとえば、分厚い本を読むのには時間がかかるけれど、1日5分ずつ読んでいくという方法もあるよ。

脳の働きがよくなる時間帯を知る

勉強に適した時間帯があって、文章を書くことやプログラミングなど考えるものは午前中成績がよくなり、午前10時から午後2時くらいまでよい状態が続くんだって。計算などは午後4時から8時くらいに成績がよくなるらしい。夜おそくなると集中力が必要な作業の成績は悪くなるんだって。

ちなみに、体がよく動く時間は午後4時から8時なんだって。サッカーの夜練の時間とピッタリだな。

時間の使い方がじょうずな人は、こんなテクニックを使っているみたい。マネできそうなことはマネしてみよう！

朝の時間を利用する

夜ねるまでの時間でできないことは、翌朝に回すことができないか考えてみよう。たとえば、学校から帰ってきてからは習いごとでいそがしいなら、朝少し早く起きて宿題や家庭学習の時間にするとか。すいみん時間を確保することが大切だから、無理のないはん囲で早起きするようにしよう。

休けいをはさむ

何かを学習する際、長時間集中してずっと続けるのと、休けいをはさみながらやるのとでは、休けいをはさむほうが学習の効率がよくなるんだよ。ただし休けいが長くなりすぎると効率は落ちてしまうから注意しよう。受験やテスト勉強などで、何かを覚えなければいけないときも、休けいをはさみながら覚えたほうが、記おく力がアップするんだって。

「ながら」をやめる

テレビを見ながら宿題をするなど、ふたつのことをいっぺんにやると集中できずに結局宿題が終わらないということに。宿題の時間と決めたら、テレビを消して集中できる環境の中でやるようにしようね。

時間貯金をする

やらなければならないことを時間内にできたら1ポイントなど、ポイントカードをつくったり、楽しく時間管理できるしくみを考えてみよう。たとえば、予定よりも早く終わったらビー玉をひとつびんに入れていき、そのびんがいっぱいになったら貯金した時間で家族でどこかに出かけるとかでも楽しいね！

ワクワクする時間を大切にしよう

> ワクワクすることをしている時間は、人生でいちばん大切だよ。
> 好きなことをして心がワクワクする時間もしっかりとろうね！

「やりたいこと」を無視していない？

「やらなければならないこと」を時間どおりに終わらせることが、時間のじょうずな使い方のゴールではないよ。自分の好きなことに時間が使えてこそ、時間の管理をする意味がある！自分の好きなこと、やりたいことを楽しむ時間は、あなたをかがやかせるし成長させてくれるよ。もう一度、自分で考えたスケジュールを見直してみて、「ワクワクすること」が入っているか確認をしてみよう。

好きなことは何でもいいよ！

ピアノや読書、ドラマやアニメを見る、ペットと遊ぶ、何かを作る、スポーツなどなど……。やっていると夢中になって、楽しいことは何かな？　そんな自分の心がワクワクする時間を大切にね。

本当に好きなことって？

人にたのまれなくても「やりたい」ことは何？

本当にやりたいことは、だれにたのまれなくても、ほめられなくてもやりたくなっちゃうもの。
そんなふうに、自分で「やりたい」と思うことが、本当に好きなことだよ。

それをやっている間心がワクワクしている？

好きなことをやっている間は、楽しくて心がワクワクして、あっという間に時間がたってしまうはず。だけど、自分でやりたいからやっているはずのことでも、実はそこまで楽しめていない場合は、ただのひまつぶしの可能性が。

自分の心の声に耳をかたむけて

人間は、頭で考えていることと心で考えていることがちがうことがよくあるよ。「やらなければならないこと」は、頭で考えて判断したことで、「やりたいこと」は心がやりたがっていること。頭の声にばかりしたがっていると、心の声に気がつけなくなって、だんだん心がつらくなってしまうなんてことも。自分の心に聞いてみて、「本当はどうしたい？」と考えるクセをつけると、自分のやりたいこと、ワクワクすることを見つけられるようになるはずだよ。

頭の声
ドリルの次は漢字の書き取りを早くしないと！

心の声
やることが多すぎてつかれたよ。少し休みたいな……。

ワーク ワクワクすること、やりたいことは何?

1 あっという間に時間がすぎているのはどんなとき?

2 頭に思いうかべるだけでワクワクするのは、何をしているときかな?

100

「友だちとしゃべっているとき」でしょ。あとは、「工作をしているとき」「好きなアイドルが出ているテレビを見るとき」とか?

3 心の声に耳をかたむけてみよう。
こんなとき、心の声は何て言っているかな?

宿題がたくさん出たとき

頭の声

心の声

頭の声

ピアノの発表会が近いとき

心の声

1日でできないことは 1週間で考えよう

優先順位を確認して 別の日に回しても OK

やることがいっぱいで、とてもその日のうちに全部できないかも……というときには、重要度と急ぎ度が高いものを先にやり、あとは別の日にできないか考えてみよう。たとえば、家で毎月とっている通信課題と学校の宿題なら、学校の宿題のほうが優先順位は上だね。通信課題は今月中に終わらせればよいものだから、1週間のうちでよゆうのある日にやればいいよね。

ダンスと宿題は、水曜日にやらなければいけないことだけど、通信課題は宿題がない土曜日にやるようにしようかな。

みらい の場合

水曜日は、ダンスに通っているから、いつもよりも使える時間が1時間短い。

★水曜日にやることの優先順位は……

重要度高い

宿題

ダンス

通信課題

急ぎ度高い ← A B C D → 急ぎ度低い

重要度低い

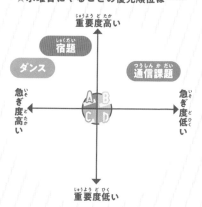

ワーク 考えてみよう！

1 やらなければならないことを「その日にやる」ことと、「1週間でやる」ことに分けて書き出してみよう。

その日にやる	1週間でやる

2 習い事などでいそがしいのは何曜日？

曜日

3 いそがしい曜日の予定の中で、別の日に回せるものは何かな？　それをいつやることにする？

いつやる？

忘れ物をすると時間がむだになる

忘れ物をしないことも時間をじょうずに使うコツ

忘れ物をすると、その時間にやるはずだったことができなくなることがあるよね。わかりやすい例だと、プールの授業がある日に、水着やプールカードを忘れたせいでプールに入れなかったとか。宿題だって、せっかくやったのに家に忘れてしまったら、やらなかったことと同じになってしまう。借りることができる場合もあるけれど、忘れ物はなるべくなくし、時間を大切にしようね。

図工の授業で、工作で使う材料を忘れて作りたい作品が作れなかったときは悲しかったよ。

忘れ物もだけど、リコーダーを持っていかなきゃいけないとき、見つからなくて1時間くらい探したのは時間のむだだったかもなぁ。

忘れ物をなくすためのテクニック

ホワイトボードや ふせんに書く

持っていくものをわかりやすいようにホワイトボードやふせんに書き、かばんに入れたら消したり、ふせんをはがしたりしよう。

○絵の具セット

帰ってきたらかばんの中身を全部出す

学校からもらったプリントをおうちの人にわたして、用意してほしいものがあれば用意をしてもらおう。そのとき、宿題も確認して机の上に出しておこう。

教科書やノートなどは決まった場所におく

教科書やノートなどの学用品は、きちんと決まった場所においておけば、ノートだけ忘れるなんてことを防げるよ。机のいちばん上の引き出しなどがおすすめ。

ワーク 考えてみよう！

学校の準備はいつしたらいいと思う？
準備をする時間を決めよう。

学校の準備をする時間

81ページで作ったスケジュールに書きこんでおこう。

前夜の準備で キラキラの自分に

毎日のケアが 翌朝のよゆうを生むよ

朝はどうしても出かける時間が決まっているから、時間がなくてコーデを選べなかったり、ヘアアレンジまで手が回らなかったりしない？
朝の時間がないときに、やることが多いとあわててしまうよね。そこで、前日にコーデを考えたり、できることはやっておくのがおすすめ。また、ヘアやおはだのお手入れなども毎日しておくと、おしゃれがより楽しめるし、自信をもって出かけられるよ。

前の日にかみの毛をかわかさないでねて、次の日出かける前にねぐせが直らなくてあわてることが多いんだよね……。

オレも〜。くつ下のあなとか、シャツのボタンがとれているとか、出かける前に気づくんだよなぁ。

― コーデを選ぶ ―

あわただしい朝ではなく、前日の時間があるときにコーデを選んでおけば、じっくり考えることができるよね。翌日の天気や気温、どんな授業や予定があるかを確認して、着ていく洋服を選ぶようにしよう。
そのときに、洋服にシワやよごれなどがないかも確認しておくと、着る前にあわてることもなくなるね。

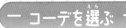

―ヘアのお手入れ―

おふろでかみの毛を洗ったら、タオルで水けをふきとり、ドライヤーでしっかりかわかそう。

ぬれたままねると、ねぐせがつきやすく、翌朝かみの毛を整えるのが大変になってしまうよ。

― おはだのお手入れ ―

特別なお手入れは必要ないけれど、毎日おふろや洗顔で、おはだのトラブルを防ごう。

かんそうしておはだがカサカサしているときは、おふろ上がりにクリームなどをぬるといいよ。

こんなところもチェック！

☐ **つめはのびていない？**

つめがのびていると、割れて危ないだけでなく間によごれが入りやすくなる。定期的にチェックして、カットしようね。

☐ **ハンカチ、ティッシュは？**

清潔は、おしゃれの基本。毎日きれいなハンカチを持っていこう。ポケットがない洋服なら、ポシェットに入れておこうね。

☐ **くつはよごれていない？**

せっかくおしゃれなコーデでも、くつがよごれていると台無し。よごれていたら、自分で洗ったりみがいたりしよう。

のんびりする時間も大切！

ときどき心と体をのんびり休めよう

やることがいっぱいあって時間が足りないのに、のんびりする時間なんかとれないよ!? ……って思ったかな。そんな人にこそ何もしないでのんびりする時間は必要だよ。のんびり心や体を休めることも、時間をじょうずに使うことにつながるんだ。いつもいつも全力でがんばっているとつかれてしまうよね。体や心を休める時間は、しっかりパワーをためてやる気になるために必要なんだ。

ねむるときには無理せずねてもいいよ。体が休みたいと言っているときには、しっかり休むようにしよう。

頭の声、心の声のほかに、「体の声」もあるよ。何となく元気が出ないとか具合が悪いときは体が「休みたい」って言っているとき。そんなときは無理せずしっかり休もうね。

オレもサッカーの練習でつかれたときは早めにねて、次の日の朝、すっきりした頭で宿題をやるようにしているよ。

ぼんやり考える時間は むだじゃない

何となくぼんやりしたり、あれこれ考えて何も手につかないときはない？他の人から見ると、何もしていないように見えても、そんなときあなたの頭や心はグルグル動いているのかもしれないね。

そんなふうにあれこれ考えて自分と向き合う時間もとっても大切。「本当に好きなこと」や心の声には、こうやって自分の心と向き合わなければなかなか気がつけないもの。ときには、ひとりになって自分の心と話してみよう。

なんとなく何もしていない時間はもったいないと思っちゃって、予定をつめこんじゃうんだよね。

ぼんやり考える時間は、人にふり回されていると手に入らないよ。自分を大切にできているか、チェックしてみよう！

自分の時間を大切にできているかな？

□ 友だちにさそわれると、気分がのらないときでもつき合ってしまう

つき合いがいいのはいいことかもしれないけれど、自分の心の声に正直になろう。断ったってＯＫだよ。

□ 自分の用事よりも、人の用事を優先してしまう

人のことを考えられる優しいあなただけど、自分にも優しくしてあげてほしいな。あとで自分が大変にならないか考えよう。

□ ひとりでいられない

友だちといると楽しいよね。だけど、ひとりになったときに何をしたらいいかわからない、なんてことはない？自分が好きなことを考えてみて。

気分転換の方法を考えよう！

つかれたときや落ちこんだとき、心や体を休めて気分転換をしよう。自分なりの気分の変え方を見つけてみてね。

1 落ちこんでいるとき、だれといっしょにいたい？

2 最近、つかれたり落ちこんだりしたことはある？
そのとき、何をしていやされた？

サッカーの試合で負けてくやしかったとき、ノートに自分の気持ちを思い切り書いたらすっきりしたなぁ。

3 つかれたり落ちこんだりしたときに、どこに行くと気分が変わりそう？

4 おうちの人や、先生、友だちなど、まわりの人の気分転換の方法をインタビューしてみよう。

担任の先生は、好きなアーティストの歌をきくことと、ねることと思い切り食べることだって。私もマネしてみようっと！

5 自分が気分転換して元気になれる方法、ベスト3を考えて書いておこう。

ベスト1

ベスト2

ベスト3

お手伝いで「段取り力」を身につけよう

大きなビルを建てるときも、ひとつずつ小さな作業を積み重ねて完成するよね。同じように、どんなに大変そうな作業でも、やらなければならないことを小さい作業に分解してやっていくとゴールにたどりつけるんだ。そんなふうに、必要な作業を分解して、どうしたらゴールにたどりつけるかを考える力が「段取り力」。仕事をする大人に必要とされるこの段取り力は、子どものころから訓練することで身につけることができるんだ。「段取り力」を身につける訓練になるのが、おうちの人の家事のお手伝い。いくつかの手順が必要なお手伝いが訓練には向いていて、おすすめは料理の手伝い。料理は、洗ったり、切ったり、ゆでたり、盛りつけたりいろいろな作業が発生するね。その必要な作業を、みんなが食べる時間から逆算して時間配分しながら行っていくんだよ。

こんな お手伝い にチャレンジ！

・全部の部屋のおそうじ
どの部屋から、どの手順でやったらいいか考える力がつくよ。

・食後の食器洗い
家族全員分だとけっこうな量の食器を使うよね？　洗う、ふく、しまうという作業にもコツがあるよ。

私は、お母さんに教わりながら、お料理にチャレンジしてみようかな♪

Part 3

長い時間を
じょうずに使おう

長い時間は区切って考えるとわかりやすいみたい♪　1日、1週間、1か月などの長い時間をじょうずに使うテクを紹介するよ。

学校の夏休みも「長い時間」だよね。みらいは時間がたくさんあったらどんなことをしたい？

えっと……、本を読んだり映画を見たり、あと、新しく出たゲームもクリアしたいな！　やりたいことがありすぎて迷っちゃいそう〜！

長い時間で何ができる？

長い時間があればできることが増えるよね！
どれくらいの時間で何ができるのかを考えていこう♪

1日10分でも
1年間で60時間以上になるよ！

たくさんの時間があれば、できることの幅も広がるもの。それは、まとまった時間じゃなくてもいいんだ。たとえば1日10分のトレーニングでも、1か月続ければ約5時間に、1年で60時間以上になるよ！　ついムダにしてしまいがちな短い時間も、積み重なれば長い時間になるんだ。もちろん1週間や1か月も、積み重なればもっと長い時間になるよ。まずはどのくらいの時間で何ができるか考えてみよう♪

考えてみよう！

次のうち、1時間以内にできることはどれかな？　□に✔をしてね☆

□ 晩ごはんをつくる	□ 漢字ドリル	□ おふろに入る
□ 小説を1冊読む	□ 犬の散歩をする	□ 学校と家を往復する
□ 国名を30個覚える	□ 1万歩以上歩く	□ 家中の床をぞうきんがけ

ワーク 考えてみよう！

1 1日ではできないけど、1週間あれば
できることを考えてみよう。

> 例 大きなプラモデルを組み立てる

2 1週間じゃできないけど、1か月あれば
できることを考えてみよう。

> 例 植物が成長するようすを観察する

3 1か月じゃできないけど、1年あれば
できることを考えてみよう。

> 例 Y字バランスができるようになる

今日は1時間勉強するぞ!!

時間を区切って考えよう

時間を細かく区切って考えると何ごとにも取り組みやすいよ。たとえば「1時間勉強する」と決めたら、そのうち30分は算数のドリル、20分は国語のドリル、残り10分は今日の授業の復習のように区切ってみよう。これは、もっと長い時間になったときも同じだよ。1か月の予定は1週間ごとに、1週間の予定は1日ごとに、1日の予定は1時間ごとに区切って考えると、イメージしやすくてＧＯＯＤ☆

予定のつめすぎに注意しよう!

時間を区切ってスケジュールを立てるときは、予定をつめこみすぎないよう注意してね。時間を区切って考えるのはいいことだけど、細かく分けすぎて時間に追われることになると、やるべきことが雑になってしまうかも。計画した時間をオーバーしてしまいそうなときは、いったん時間内で終わらせて次の予定に移るか、優先順位が低い予定を次の日に回すなどして調整しよう!

スケジュール帳やシートがあると便利!

長い時間の使い方を考えるときは、スケジュール帳や、スケジュールシートがあると便利だよ! 124ページに1か月のスケジュールシートがのっているから、予定を立てるときに活用してね♪

ゴールを設定しよう

スケジュールを立てるときは、最初にゴール地点を決めるよ。ゴール地点＝目的や目標になる予定のこと。「音楽会」のように準備が必要なイベントや、「家族旅行」のように楽しみなイベントをゴールにしよう。すでに日程が決まっているときは、スケジュール帳に記入しておいてね！

【ゴールの例】

漢字テスト

ピアノの発表会

誕生日
パーティー

運動会

ゴールを目立たせてやる気をUP↑↑

ゴール地点となる予定を書きこんだら、マーカーやカラーペンなどを使って目立たせよう。目標となる予定が目に入ることで、やる気もアップするはずだよ♪　具体的な目立たせ方は121〜123ページでも紹介するから、チェックしてね★

細かいスケジュールを記入しよう

目的（ゴール）が決まったら、ゴールへ向けての具体的なスケジュールを考えていくよ。細かい予定を立てるときは、まずは当日までにやるべきことをすべてリストアップするのがおすすめ！ 必要なことを書き出してから、優先順位を考えていこう。

スケジュールを立てる流れ

やるべきことのリストアップ

当日までに必要なことをあげて「やることリスト」をつくるよ。具体的なリストアップの方法は右ページをチェック！

優先順位を考える

リストアップしたことの優先順位を考えていくよ。このとき、優先度が高い順に並びかえるのもGOOD！

1日単位で考える

116ページで解説したように、時間を区切って考えるってことだね！

やるべきことを
リストアップするときは…

やるべきことをリストアップするとき、まずは思いついたことを紙に書き出してみよう。右のメモは、妹のバースデーパーティーを計画したときのやることリストの例だよ。はじめのうちは小さなこともすべて書き出すようにしてね！ その後、リストの内容の優先順位を考えながらスケジュール帳に予定を書いていくよ。

パーティーまでにやること

- ●お母さんに話して日程を決める
- ●友だちをさそう
- ●招待状をつくって送る
- ●プレゼントを用意する
- ●ケーキや食べものの用意
- ●パーティーの内容を考える
- ●おうちのそうじ、片づけ
- ●部屋の飾りつけ

リストをもとに
書きこんでみよう！

日	月	火	水	木	金	土
		1	2	3	4	5 お母さんに相談
6	7	8	9	10	11	12 招待状をつくって送る
	← 友だちをさそう →					
13	14	15	16	17	18	19 プレゼント用意
			← パーティーの内容を考える →			
20	21 ケーキの予約	22	23	24	25 部屋の飾りつけ	26 食べもの買う
			← そうじ 片づけ →			
27 ケーキ受取 パーティー	28	29	30	31		

家でのパーティーだから、おうちの人への相談や、お部屋の片づけも忘れないようにしなくちゃね♪

119

ワーク 計画を立ててみよう!

_____ の計画

★前日までにやるべきこと

ことがら	必要な日数

★当日やるべきこと

実際に何か計画を立てるときは
このワークを活用してね♥

スケジュール帳 記入テク3

書き方を工夫しよう

ここからは、スケジュール帳の書き方のテクニックを紹介するよ。ちょっと工夫をこらすだけで、予定がとても見やすくなるんだ♪ 下の例を参考にしながら、自分なりのルールを決めて、わかりやすいスケジュール帳をつくってね！

コンクールまでの計画表

スケジュールシート

6月

日	月	火	水
	1	2	3 ここまでに 課題曲暗ぷするぞ！ / 4
7 フィンガートレーニング⑮	8	9	10
14 ★テンポチェック	15	16 フィンガートレーニング⑯	17
21 17:00～ レッスン♪♪	22	23 課題曲最終チェック	24
28 17:00～ レッスン♪♪	29	30	31

18
19
20 ホールリハーサル 15:00～ （衣装で）
25
26
27 コンクール本番!!

何日かにわたる予定は矢印で引っぱろう

予定が数日間にかかるときは、矢印をつかうと書く時間を短縮できるよ！ 金曜日に書いてある「レッスン」などの予定も、毎週決まったら時間ならたてに矢印を引っぱってもＯＫ★

予定の種類ごとにアイコンをつくっても◎

予定の種類に合ったアイコンをつくるとスケジュール帳がさらに見やすくなるよ♪ 学校の予定はえんぴつマーク、友だちとの予定は音符マークなど、自分だけのオリジナルアイコンを考えてみよう！

ス<ruby>も〜っと<rt></rt></ruby>

も〜っと
かわいく♥

スケジュール<ruby>帳<rt>ちょう</rt></ruby>

わ〜！ すごい♪ マーカーが目立っている
から、大事な予定がひと目でわかるね！

7月

日	月	火	水	木	金	土
メモ □夏休み 飼育当番の確認 □本を返す（7/16まで）			1	2	3	4 美容院 15:30〜
5 ロマンガ 発売日(¥560)	6	7 七夕 ひなん訓練 (ハンカチ忘れない!!)	8 16:00〜塾	9	10	11
12	13	14	15 16:00〜塾	16 □本返す!!	17 終業式	18 夏休み START!
19 プール(午前)	20	21 プール(午前)	22 16:00〜塾	23 海の日	24 スポーツの日 家族でキャンプ	25
26	27 プール(午後)	28	29 16:00〜塾	30	31 花火大会 17:00 神社	

スケジュールシート

今月の目標

忘れ物ゼロ!!
1ヶ月間

＼きっちり＋<ruby>遊<rt>あそ</rt></ruby>びゴコロ♥／
<ruby>優等生<rt>ゆうとうせい</rt></ruby> アレンジ

わかりやすさを<ruby>重視<rt>じゅうし</rt></ruby>した<ruby>優等生<rt>ゆうとうせい</rt></ruby>アレンジ。ほどよくイラストやシール、マステを<ruby>使<rt>つか</rt></ruby>って、かわいさもかねそなえているのがポイントだよ♪ <ruby>忘<rt>わす</rt></ruby>れちゃいけないこともきちんとメモしているから、うっかりミスもなさそうだね！

ココがポイント!

<ruby>蛍光<rt>けいこう</rt></ruby>マーカーを<ruby>効果<rt>こうか</rt></ruby><ruby>的<rt>てき</rt></ruby>につかって<ruby>見<rt>み</rt></ruby>やすくまとめているよ！ <ruby>大事<rt>だいじ</rt></ruby>な<ruby>予定<rt>よてい</rt></ruby>や<ruby>楽<rt>たの</rt></ruby>しみなイベントはマーカーでなぞったり、<ruby>囲<rt>かこ</rt></ruby>んだりして<ruby>目立<rt>めだ</rt></ruby>たせているんだ♪

アレンジテクニック

\\イラストやシールで差をつける！//
個性派アレンジ

スケジュールや余白をガーリーテイストにデコっているよ♪　花やケーキ、ピアノのイラストなど、その日の予定に合ったイラストをそえてはなやかにしているの♡　「美容院」や「歯医者さん」のように、予定を吹き出しにするのも◎。

ココがポイント！

11日や19日のように、イベントの日は日付のマスにガーランドを描くととってもかわいいの♥　かんたんなのに一気にガーリー度が増しちゃう便利なテクニックだよ！

あいているスペースもイラストやシールでデコってあってかわいいね★

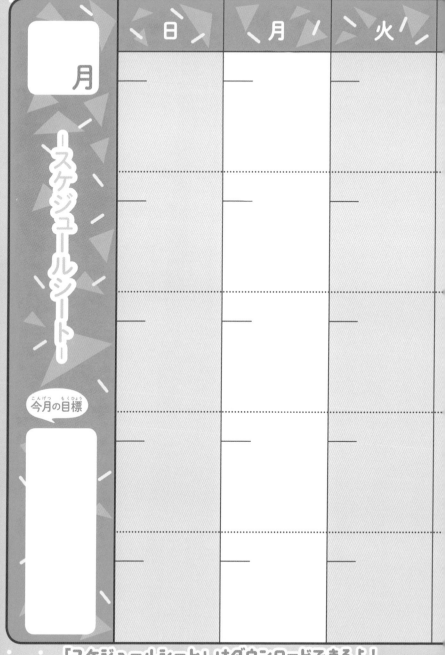

月

スケジュールシート

今月の目標

日	月	火
―		―
―		―
―		―
―		―
―		―

水	木	金	土

http://www.shin-sei.co.jp/np/isbn/978-4-405-01248-6/

夏休みを使って ステキに変身！

夏休みは新しいことを始めたり、苦手に思っていることをこくふくしたりするのにもってこいなんだ～♪

7:00 起床

ふぁ～…

10:00 宿題

がんばるぞー!!

13:00 お出かけ

いってきまーす☆

夏休みは変身のチャンス！
ダラダラしてはもったいないよ

夏休みになると、友だちとの遊びやプール、旅行にゲームなど、やりたいことがたくさんあるよね。だけど、自由時間が増えるとついダラダラしてしまうという人もいるんじゃないかな？　夏休みの期間中こそ、メリハリのある生活が大事。夏休みをうまく使えば、苦手のこくふくや、新しい挑戦もできるはずだよ♪　夏休みは、変身のチャンスでもあるんだ！

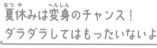

みらいの学校では秋に陸上の大会があるんだよね？　夏休みに走る練習をしたらどうかな？

走るのは得意だから休み明けからででいじょうぶかな！　たぶんリレーの選手にもなれると思うし♪

夏休みにがんばるのとがんばらないのとでは結果が全然ちがうの。ちょっとこの子たちを見てみて！

夏休みをステキにすごす 5つのヒント

夏休みを思いっきり楽しむためにも
やるべきことはきちんとこなさなくちゃね！

ヒント1
目標を決めてチャレンジしよう

勉強や習いごとについての目標はもちろん、「毎日本を読む」「おふろそうじをする」など生活に関することでもOKだよ。自分で決めた目標を達成するために努力することが大事なんだ！

ヒント2
生活のリズムをキープしよう

夏休みの間は、学校があるときよりものんびりすごしてもいいね♪だけど、生活のリズムはできるだけくずさないようにするのが理想的。起きる時間や食事の時間など、なるべく規則正しいリズムの生活を心がけてみよう！

ヒント3
興味があることを追求しよう

自分のしゅみや、興味があることにとことん熱中できるのも夏休みのだいごみだよね！ 新しい知識やスキルが身につくし、思わぬ発見や出会いがあるかもしれないよ☆

ヒント4
苦手なことをこくふくしよう

夏休みは苦手こくふくのチャンス！時間はたっぷりあるから、少しでもこくふくできるように努力してみよう。勉強や運動だけじゃなくても、食べものや字をキレイに書くことなどなんでもOK。苦手のこくふくは自信にもつながるよ。

ヒント5
宿題は計画的に進めよう

最終日に急いで終わらせる……なんてことにならないように、宿題は計画的に進めよう！ 宿題は午前中にすませるのが理想だよ。その日の宿題が終わっていればすっきりした気持ちで出かけられるよね！

次のページから、具体的なテクニックを解説していくよ♪

目標を決めて チャレンジしよう

目標を設定することで メリハリのある生活ができるよ

目標を決めておくと、より充実した夏休みを送れるようになるよ！ これは、目標があると「達成する方法」を自然に考えるようになるからなんだ。たとえば「本を5冊読む」という目標を立てたら、本を買いに行ったり、図書館へ行ったり、本を読む時間をつくろうと思うよね。1日をダラダラすごしてしまうという人こそ、目標を立てて生活してみよう！

達成のためのアドバイス

目標は具体的に考えるようにしよう！ ただ「本を読む」とするのではなく、「夏休み中に本を5冊読む」のように、具体的に設定するほうがやる気もアップするんだ♪

本を5冊読む！！

こんなことに挑戦しよう

- ●漢字ドリルを1冊終わらせる
- ●毎日夕食後にお皿洗いをする
- ● 25メートル泳げるようになる
- ●世界の国名を50個覚える
- ●肉じゃがを作れるようになる
- ●検定試験に挑戦する

想像するだけでワクワクするね♪　夏休みが待ち遠しい～！

ワーク　考えてみよう！

 1 夏休みに挑戦したいことは？

 2 夏休みに行ってみたい場所は？

3 夏休みに読みたい本や見たい映画は？

たくさん書いてもOKだよ！
夏休みが始まる前に考えておくとGOOD★

ヒント2 生活のリズムをキープしよう

夜型の生活にならないように注意！

楽しいことがたくさんある夏休み中は、つい夜ふかししたくなることもあるよね。たまにならいいかもしれないけど、毎日ねるのが遅くなって夜型の生活になってしまうと、はだやかみのツヤがなくなったり、視力が悪くなったりすることも！　夜ふかしをしてしまったときは、そこから生活リズムがくずれないように注意してね。

> おそい時間にやっているテレビは録画しておくといいかもな。

こんな生活をしてない!? 夏休みのすごし方チェック

自分の生活をふり返って、あてはまるものに✔をつけよう！

☐ 休みの日は10時ごろ起きる	☐ 決められた時間以上ゲームをしている
☐ 夜、ねる前にスマホを見ている	☐ 1日中パジャマでいることがある
☐ 夕食のあとにお菓子を食べている	☐ 3食ごはんを食べないことがある
☐ おふろに入らない日がある	☐ 宿題をやらない日がある
☐ 歯みがきを後回しにしている	☐ 朝起きたあと、もう一度ねることがある

✅が5個以上ついた人は要注意！　1日のすごし方を見直してね。

毎日同じ時間に起きるとGOOD！

夏休み中も、毎日同じ時間に起きるのが理想。毎朝同じ時間に起きると、食事の時間やおふろの時間、ねる時間もだいたい同じになるので、1日の生活のリズムができあがってくるんだ！　とはいえ、夏休みの間はのんびりくつろいで体を休めることも大切だよ。たまには思いっきりねぼうする日があってもいいかも♪

すっきり起きるポイント

起きる時間を声に出そう

夜、ねる前に「明日は7時に起きる」と口に出して言ってみて。そうすることで脳が起きる時間を記おくして、無意識のうちに「7時に起きよう」という意識がはたらくんだ！　きっといつもよりすっきり目覚めるはずだよ♪

目覚まし時計は遠くに置こう

目覚ましを止めたあとにもう一度ねてしまうという人は、目覚まし時計をなるべくベッドから遠いところに置いておこう。一度ベッドから出て止めることで、二度寝を防ぐことができるよ！起きたあとはすぐに洗顔して目を覚まして。

ねる前の習慣も見直してみよう

すっきり起きるためには、ねる前の習慣を見直すことも大切だよ。ねる直前までスマホの画面を見たり、ゲームをしたりするのはNG。ぐっすりねむるために食事はねる3時間前には終わらせて、軽くストレッチをしてからベッドに入ろう。

ねる前にのどがかわくとついジュースを飲んじゃうんだけど……。

本当はジュースもよくないみたい。お水かカフェインが入っていないむぎ茶などにしておこう♪

133

興味があることにトライしよう

夏休みをつかって「好き」を極めちゃおう！

長い休みの間は好きなことを追求するチャンスでもあるよ！ 興味はあるけどなかなか取り組めなかったことがあれば、この機会に挑戦してみよう。スポーツでも勉強でもおしゃれに関することでも、どんなことでもOK。もちろん、すでに取り組んでいることのスキルアップのための時間にするのもいいね♪

 たとえば…

生きものとふれ合ってみる

ふだん動物とふれ合う機会が少ないなら、動物園や水族館などで実際にふれ合ってみたり、動物がいるカフェに出かけてみたりするのもいいかも！ 興味がわいてきたら、生きものの生態や食生活などについて調べてみるのもいいね★

お菓子づくりに挑戦してみる

料理が好きな子は、いつもよりちょっと難しいお菓子づくりに挑戦してみよう！ デコレーションにこだわったり、自分なりにレシピをアレンジしたりするのもいいね。きちんとラッピングして、家族や友だちにおすそわけしても喜ばれそう！

お寺やお城をめぐってみる

お寺やお城など、歴史的な建造物をめぐるのも楽しそう！ 昔ながらの建物を見学すると、タイムスリップしたかのような気分が味わえるかもしれないね。歴史の舞台になった場所をたずねれば、歴史の勉強にもなって一石二鳥♪

おれは電車が好きだから、電車に乗って遠くの街まで出かけてみたいな！

自分が興味のあることはもちろん、何か人の役に立つことに挑戦するのもとても立派なことだよ。ボランティア活動や地域の行事の手伝いなど、夏休み中にだれかの役に立てたと思うできごとを書いてね！

日付［　　年　　月　　日］

日付［　　年　　月　　日］

3

日付［　　年　　月　　日］

自分が興味のあることでだれかの役に立てるとうれしいよね！
わたしは読み聞かせのボランティアに参加してみようかな♪

苦手をこくふくしよう

苦手なことをこくふくするたび
自分に自信がつくよ！

苦手なことができるようになると、自信がわいてくるもの。たとえば泳ぐのがあまり得意じゃないという人は、夏休みの間に特訓してはどうかな？　もちろんほかのスポーツや勉強、料理や手芸などでもＯＫ！　小さなことでもひとつクリアするたびに達成感があるはずだよ。苦手なことは夏の間にこくふくしちゃおう！

やってみよう！

ふせんを使って達成感アップ↑↑

やることリスト！
・宿題をする！🗹
・部屋を片付ける！🗹
・本を読み終わる！🗹

苦手なことに取り組みたいけどどうしてもやる気が出ないというときは、ふせんにやるべきことをひとつずつ書き出してみて。1つクリアするごとにはがしていくと、やり終えたのが目に見えてわかるので達成感がアップしちゃいそう！

ふせんがあるといろいろなことに
使えて便利なんだね～！

ヒント5 宿題は計画的に進めよう

宿題は早めに終わるように計画しておこう

宿題は、計画にそって少しずつ進められると◎。だけど、急に友だちに誘われるなどで計画どおりに進まない日が出てくるかもしれないよ。そんなときのために、夏休みが終わる1週間前にはすべての宿題が終わるよう計画しておこう。そうすれば、計画に変更が出てもよゆうをもって修正できるよ♪

集中力アップのポイント

タイプのちがう宿題で頭を切りかえよう

たとえば漢字ドリルのあとに計算ドリルをやるなど、ちがう科目の宿題をすると、頭が切りかわるよ! 集中力も続きそう♪

環境が変わると集中して取り組めるよ

集中力が続かないときは、勉強する環境を変えちゃおう。自分の部屋からリビングへ移動したり、自習ができる施設へ行ってもいいね。

夏休みの宿題対策テク

宿題がちょっぴりはかどるようなテクをご紹介♪
ぜひ参考にしてみてね！

●ドリル系

ドリル系の宿題は、毎日数ページずつコツコツ進めるのが基本。1教科を一気に終わらせるより、全教科を少しずつ進めたほうが集中して取り組めるんだ！　本当は毎日やるのが理想だけど、急な予定が入って思いどおりに進まない日が出てくるかもしれないよ。ときどきどこまで進んだかふり返って計画どおりに進んでいるかチェックしてね。おくれた分は早めに取り返せるとGOOD！

え―――っと…

ぽわ――ん♪

ときどきオフの日をつくってもいいかも

ドリル系の宿題は、休けいの日をつくってもいいかも。たとえば、月〜土まで毎日やったら日曜日は休けい日にする、というように、オフになる日をつくってメリハリのある進め方をしよう！

今年はすっごく厚いドリルを出されちゃったの……。
夏休み中に終わるかな〜（泣）。

● 読書感想文

本を1冊読んで感想を作文にする
この宿題、実は苦手だという人が
多いみたい！　ここでは、そんな
読書感想文の進め方と作文のアド
バイスを紹介するよ♪

• 読書感想文の進め方 •

1 本を選ぶ

まずは本を選ぼう。あらかじめテーマが決めら
れている場合は、それに合った本を選んでね。
夏休みが近づくと、本屋さんや図書館で「読
書感想文におすすめの本」のコーナーがつくら
れることがあるから注目してみよう☆

2 本を読む

選んだ本を読んでいくよ。読んでいる最中に、
心に残ったシーンや文章をメモしておこう。

3 感想を書く

本を読み終わったら感想文にとりかかろう。読
んでみて感じたことを書けばOK。内容に迷っ
たときは、下のポイントを参考にしてみて♪

内容に迷ったときは…

こんな順番で感想をまとめよう！
自分の体験談をまぜながら感想が
書けるとさらにGOOD♪
● その本を選んだ理由
● 本のかんたんなあらすじ
● 1番面白かったところ＆理由
● 次に面白かったところ＆理由

本を選ぶのに
迷ったときは……

うーん…

先パイやおうちの人に
おすすめを聞いたり

そうだな…　○○とか？　なるほど！！

図書館へ行ったり

あっ！　これだ！！

本屋さんでも
フェアを
やっていることが
あるよ♪

感想文にオススメ

オススメ

139

● 自由研究

興味があること、気になったことを研究して結果をまとめるのが自由研究だよ。自由研究では、研究の進め方はもちろん、結果をどんなふうにまとめるかが大事なポイントになるんだ♪　せっかく研究したのだからわかりやすく伝えられるように、まとめ方のポイントをチェックしてね！

みえた？

むむむ――!!

テーマを決めるのに夢中になって、まとめ方までは考えてなかったな……。

まとめ方のポイント

基本的には、左の構成にそってまとめていくよ。結果の前に予想される結果を入れるなど、自分なりにアレンジしてもOK。感想のところには、今後さらに研究してみたいことや、研究を今後の生活にどういかせるかなどを書いておくと◎。

構成

1、研究のテーマ

2、そのテーマを選んだ理由

3、研究の手順（内容）

4、研究の結果

5、研究してみた感想

6、参考資料など

参考資料なども忘れずに

研究の参考にした本やサイトのタイトル、実際に足を運んだ場所、話を聞かせてくれた人の名前なども最後にまとめて書いておくとさらにいいね♪

●観察日記

観察日記は、植物や昆虫の毎日の変化を記録していくもの。朝食のあとすぐに観察して記録をつけると決めておくなど、毎日時間を決めて取り組んでね。結果をまとめるときは、イラストや写真、グラフを使うなどの工夫をするとわかりやすいんだって♪

・観察日記の流れ・

１ 観察する対象を決めよう

定番なのはアサガオやミニトマトなどの植物の成長や、アリの巣の作り方、幼虫がチョウになるまでの観察など。自分が興味をもって取り組めるテーマにしよう。

↓

２ 決まった時間に観察しよう

観察は、毎日なるべく同じ時間にするのが◎。植物なら朝・夕2回、昆虫や動物なら朝1回など、観察にぴったりな時間を考えてね！

↓

３ 結果をまとめよう

観察した結果を日記にまとめるよ。毎日の変化がわかるように、イラストや写真をそえてね！花が咲いた個数や実ができた個数などは、表やグラフにするとわかりやすいね♪

ビルが建つまでのようすや、星の動きを観察するのもおもしろそう！

じゃじゃーーんっ!!

アサガオの観察をするよ！

表にシールをはってもいいかも♪

花が咲いたら

よいしょっ

ぺたっ

できた!!

夏休みに咲いた
アサガオの数

●工作・ポスター

ポスターや工作など図工の宿題が出される学校もあるみたい。工作やポスターづくりをするときは、最初にしっかりテーマを決めよう。なぜそのテーマを選んだのかまで説明できると◎。

おれ、ポスターづくりって苦手なんだよな～。

えっ、そうだったの？
（そうたってなんでも器用にこなすタイプかと思ってた……）

工作のポイント

❶ テーマ決め・準備

どんなものを作るか決めたら、材料を準備するよ。完成の色合いをイメージしながら材料を選ぶと◎。ハサミやボンドなども忘れずにね！

❷ 工作スタート

実際に製作するときは、自分ならではのオリジナル要素をプラスしてみて。せっかく手づくりするのだから、世界にひとつしかないアイテムに仕上げよう♪

⚠注意

工作中は、手もとから目をはなさないよう気をつけてね！　ハサミやカッターなどを使うときはとくに、ケガをしないよう注意しよう。

ポスターのポイント

❶ テーマ決め

ポスターには、いろいろな種類があるんだ。テーマを指定されていないときは、はじめにどんなポスターにするか考えてね！

テーマの例

- ●環境保護や動物愛護
- ●防犯&防災
- ●いじめ防止などの人権問題
- ●交通安全
- ●学校行事や地域のお祭りの告知

❷ 下描き、色ぬり

まずはえんぴつで下描きし、必要ならマジックでなぞってから色をつける。文字はなるべく目立つように、目につきやすい色を使ってね！

●お手伝い

みんなはおうちの人のお手伝いをどのくらいしているかな？ ふだんから積極的にしているという人もそうでない人も、夏休みの間はいつも以上にお手伝いをがんばろう。おうちにいる時間が長い分、家族の一員としての役目をしっかり果たそうね！

ちょっとしたことでも、おうちの人にとってはすごく助かるんだって〜！

こんなことをすると喜ばれるよ！

🕐 5分でできるお手伝い

ごはんを配膳する

ごはんの前にテーブルの上を整え、さっとふいて、お料理や食器を配膳しよう！

ゴミを出す

家中のゴミをまとめたら、指定のゴミ捨て場所へ持っていこう。ゴミの分別も忘れないで♪

くつをそろえる

玄関に出ているくつをキレイにそろえてね。すぐに使わないくつはくつ箱へしまおう！

🕐 15分でできるお手伝い

お米をとぐ

お米をといで炊飯器にセットするのも立派なお手伝い。お米をこぼさないよう、注意を！

おふろそうじ

浴そうをスポンジで洗おう。シャワーで流したあとは、栓をするのを忘れずに★

洗濯ものをたたむ

取り入れた洗濯ものを仕分けてたたむよ。持ち主ごとに分けておくとわかりやすいね！

［＿＿＿＿＿＿＿］の夏休みの

この期間の目標

_____
_____
_____

予定表

___日（日）	___日（月）	___日（火）

___日（日）	___日（月）	___日（火）

___日（日）	___日（月）	___日（火）

「夏休みの計画表」はダウンロードできるよ！

計画表

けい かく ひょう

年　月　日～　月　日用
ねん　つき　ひ　　　つき　ひよう

[
MEMO
....
....
....
]

◯日（水）／	◯日（木）／	◯日（金）／	◯日（土）／

◯日（水）／	◯日（木）／	◯日（金）／	◯日（土）／

◯日（水）／	◯日（木）／	◯日（金）／	◯日（土）／

http://www.shin-sei.co.jp/np/isbn/978-4-405-01248-6/

column

体内時計って何？

生きものには生まれつき 体の中に時計がある

体内時計というのは、生きものに生まれつきそなわった時間を測定する機能のこと。朝になると目が覚めたり、お昼におなかがすいたりするのはこの体内時計のはたらきによるといわれているんだ。また、44ページで解説したような時間の感じ方のちがいも、「個人的な時間を計測する体内時計があるから」だという考え方もあるよ。大人になるにつれて時間がたつスピードが早く感じられるのも、そのためなんだって♪

決まった時間におなかがすいて、決まった時間にねむくなるのは体内時計があるからなんだね！

太陽の光でリセット！

体内時計は「光」に大きく影響されるよ。そのため、ねぼうをして朝日を浴びるのがおくれたり、夜ふかしをしてずっと明るい部屋にいたりすると体内時計がずれてしまうんだ。体内時計が乱れると、同時に生活のリズムも乱れてしまうもの。そんなときは朝起きてすぐに太陽の光を浴びてみよう！　太陽を浴びる生活を1か月くらい続けると、体内時計がリセットされて整うよ♪

Part 4

夢をかなえる
時間の使い方

時間の使い方がわかってきたら、次は自分の将来のためになる使い方をしてみよう！　夢をかなえるためにはどんな時間が必要かな？

みらい、今日出された宿題忘れてないよな？

「将来の夢」についての作文でしょ？　忘れてないけど、将来の夢なんてまだ決まってないよ……。

Good time-use?

時間を味方につけよう

ここまで学んできた時間の使い方をいかせば、
時間はみんなの味方になってくれるはずだよ♪

自分と向き合う時間を大切にしてね

友だちや家族など、大好きな人とすご
す時間はもちろん大切なもの。だけど
「自分と向き合う時間」は同じくらい
大切なんだ。好きな音楽を聞いたり、
おふろでリラックスしながら1日のこ
とを思い返したり……。そうした時間
に、自分自身のことについて少し考え
てみよう。得意な教科、好きなスポー
ツやしゅみ、恋愛、将来のことなど、
考える内容は自分についてのことなら
なんでもOKだよ！

ワーク ふり返ってみよう！

今日1日の中で、自分のために使った時間を書いてね！

ワクワクするような時間を見つけよう

自分と向き合って「心の声」を聞いてみると、ワクワクするようなことが見つかるかもしれないよ！「○○へ行ってみたい」とか、「○○に会いたい」など、自分が今いちばんやってみたいことを思いうかべることが、好きなことを見つけるヒントになりそう♪　好きなことをしてワクワクする時間は、あなたの宝ものになるはず。自分が楽しいと思える時間の使い方をしてみてね。

雑誌を読んだり、人の話を聞いたりすると、やりたいことが出てきたりするよね！

ワクワクする
時間の使い方

1 しゅみにとことん夢中になる

しゅみに熱中していると、時間がたつのがあっという間だよね。ひとつのものごとに集中できるということは、あなたがその時間を楽しく感じているというしょうこ。そうやって、興味があることへの理解を深めていこう！

2 得意な科目をどんどん勉強する

得意だったり、楽しいと感じたりする教科は、よりくわしくなれるように勉強しよう☆　苦手科目をこくふくすることも大切だけど、得意な科目でみんなをリードしちゃうのもカッコいいよ！　得意だと胸を張れるようがんばろう。

3 特技を探してみる

スポーツや手芸、絵や作文など、自分の得意なことは何か考えてみよう。特技をみがくことも、自分の好きを極める時間の使い方だよ！　得意なことをつきつめていくと、それが将来やりたいことにつながっていくかもしれないね☆

知らない自分に出会える!?
自分の世界を広げるテク

新しい自分を発見するとワクワクするよね！
自分の視野や可能性をどんどん広げよう★

●未知の経験をする

はじめての場所へ出かけたり、はじめての経験をしたりすることは、あなたにとっていい刺激になるはず。こうした新しい体験をすると、今までは気づかなかった新しい発見があるかもしれないよ。少しでも興味をもったことは、積極的に挑戦してみよう！

●知識を増やす

本や雑誌、テレビやインターネットなど、情報を手に入れる方法はたくさんあるよね。どんな方法だとしても、知識を増やすことはあなたにとってきっとプラスになるはず。「知りたい」と思ったことはすぐに調べるクセをつけて、知識を広げていこう♪

ワーク 思ったことを書こう!

何か新しい発見や経験をしたとき、自分がどんなことを思ったかを書き残しておこう。あとで見返したときにいつの出来事かわかるように、日付も書いておいてね!

日付[　　年　　月　　日]

日付[　　年　　月　　日]

日付[　　年　　月　　日]

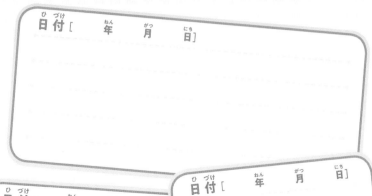

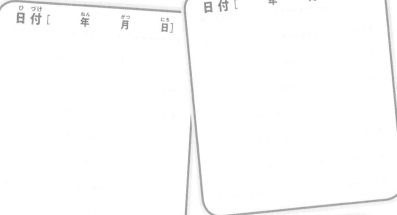

日付[　　　年　　　月　　　日]

日付[　　　年　　　月　　　日]

日付[　　　年　　　月　　　日]

日付[　　　年　　　月　　　日]

このシートはダウンロードできるよ！

5年後、10年後の自分を想像してみよう

自分の将来について考えるときは、未来の自分の姿を想像してみよう！　まずは5年後、中学生や高校生になった自分はどんなことをしているかな？10年後には、もう働いているという子もいるかもしれないね！　将来の夢や目標は、難しく考えなくてもＯＫ。大きな家に住みたいとか、海外へ行きたいなど、将来やってみたいと思っていることも立派な「夢」だよ！

 私は高校生になったら、アルバイトしてみたい！　そうたは将来のことについて、何か考えてる？

一応やりたい仕事はある、かな。まだぼんやりとだけど。

具体的な職業をイメージできた人は……

将来の自分をイメージしたとき、具体的な職業まで想像できたという人はさらにもう一歩。その職業についてどんなことをしたいかまで考えてみよう！　たとえば、研究者として新しい薬を開発したいとか、芸能人になって視聴者を楽しませたいとか。そうやってやりたいことを考えるうちに、イメージが明確になるよ♪　まだ職業までは想像できないという人は、156ページからを見ながらイメージをふくらませてみよう！

自分自身のことについて考えてみよう。自分の得意なこと、苦手なこと、それから自分のいいところを書き出してみてね。いいところは、まわりの人に聞いてみてもOKだよ!

得意なこと	苦手なこと

自分のいいところを 3 つあげてみよう!

将来何になりたい？

「好き」をいかせる仕事はいっぱいあるんだよ～♪
職業のことも少しずつ知っていこうね！

好きなことをいかせる職業を知ろう

ここからはいろいろな職業を紹介していくよ。もしも今、興味をもっていることがあるのなら、それをいかしてどんな仕事ができるかチェックしてみてね☆ 気になる職業が見つかったら、具体的にどんなお仕事なのか調べてみよう！

―――― ファッション・おしゃれが好きなら… ――――

最新のファッションやメイクを身にまとって活やくするモデルは、みんなのあこがれの職業。ブランドの顔として、はなやかな印象が求められるよ！

どんな服も
おしゃれに着こなすよ★

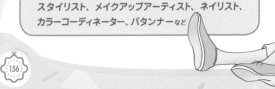

おしゃれに関わるお仕事はほかにも・・・
ファッションデザイナー、ショップ店員、美容師、
スタイリスト、メイクアップアーティスト、ネイリスト、
カラーコーディネーター、パタンナーなど

ドキドキのストーリーから目がはなせない！

一 絵を描くのが好きなら… 一

漫画家として、オリジナルのストーリーを発表！人気の漫画家は、週刊誌や月刊誌で連載したり、自分の作品がアニメや映画になったりすることも！

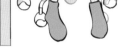

アートに関わるお仕事はほかにも…

画家、イラストレーター、アニメーター、絵本作家、CGクリエイター、グラフィックデザイナー、ゲームクリエイター、美術教師、学芸員、アトリエスタッフなど

目標達成のための頼れるパートナー♥

一 スポーツが好きなら… 一

スポーツインストラクターとして運動の方法などをレクチャーしちゃおう。お客さんの運動メニューを作成したり、運動のサポートをする仕事なんだ！

スポーツに関わるお仕事はほかにも…

プロの野球やサッカー、テニスなどの選手、スポーツトレーナー、コーチ、スポーツカメラマン、スポーツライター、審判、スポーツショップ店員、スポーツ選手のマネジメントなど

一 人と関わるのが好きなら… 一

保育士は、子どもの成長によりそう大切な職業。元気にあいさつしたり、楽しく歌ったり、子どもたちのお手本になりながら成長をサポートするよ!

明るく優しい保育のエキスパート♪

人に関わるお仕事はほかにも…

介護士、ベビーシッター、営業スタッフ、販売スタッフ、飲食店スタッフ、教師、ブライダルスタッフ、セラピスト、ツアーコンダクターなど

一 企画やイベントが好きなら… 一

テレビのディレクターは、テレビ番組をつくる制作現場の責任者。企画や収録、編集など、あらゆる場面で大活やく! AD(アシスタントディレクター)からスタートするんだ♪

テレビの現場を臨機応変にサポート★

制作に関わるお仕事はほかにも…

映像編集者、照明スタッフ、音響スタッフ、脚本家、放送作家、芸能マネージャー、音楽プロデューサー、コンサートスタッフ、テーマパークスタッフなど

大変そうなイメージもあるけど、やりがいがありそう♪

― 料理が好きなら… ―

パティシエとしてかわいい＆おいしいスイーツをつくろう♪ アイデアがつまったお菓子が話題になれば、あっという間に人気パティシエの仲間入り♡

おいしさとかわいさをとことん追求♥

食に関わるお仕事はほかにも…

調理師、板前、シェフ、ショコラティエ、パン職人、フードコーディネーター、管理栄養士、ソムリエ、バリスタ、料理研究家、ウエイトレスなど

ペットのおめかしのお手伝い！

― 動物が好きなら… ―

トリマーとして、ペットをかわいくスタイリング♪ カットやグルーミングなどのお手入れはもちろん、ツメ切りやシャンプーなどのケアもおこなうよ！

動物に関わるお仕事はほかにも…

獣医師、動物看護士、動物園の飼育員、イルカの調教師、ペットショップ店員、ドッグトレーナー、ブリーダー、ペットシッター、ペット介護士、アニマルセラピストなど

人の役に立ちたいなら…

学校の先生は、勉強や運動、世の中の
ルールなどを子どもに教えるよ。生徒
一人ひとりによりそいながら、ときには
楽しい授業で教室を盛り上げちゃう♪

勉強や社会の
ルールをレクチャー♪

人の役に立つお仕事はほかにも…

医師、看護師、薬剤師、理学療法士、
社会福祉士、消防士、自衛官、警察官、
裁判官、弁護士、ボランティア団体の
スタッフ、塾の講師など

世界を飛び回りたいなら…

飛行機の客室乗務員は、お客さんが機内で安
全で快適にすごせるようにするのが仕事。語
学力をいかせる仕事でもあるね♪　フライト
先の国の文化にふれることもできるんだ！

はなやかな雰囲気に
あこがれちゃう♥

グローバルなお仕事はほかにも…

パイロット、船乗員、通訳、翻訳家、外交官、大使
館スタッフ、日本語教師、国際公務員、国連スタッフ、
トラベルライター、ツアーコンダクターなど

パイロットって
カッコいいよな！

楽しい＆面白いを世界中に発信するよ♪

― 人を楽しませたいなら… ―

ユーチューバーは、時代のトレンドを真っ先にキャッチして楽しい動画を発信するよ♪　投稿した動画が話題になれば、世界中で人気の有名クリエイターになっちゃうかも！

人を楽しませるお仕事はほかにも…

俳優、声優、タレント、歌手、アイドル、ミュージシャン、お笑い芸人、落語家、マジシャン、サーカス団員、ダンサー、アナウンサーなど

今はない職業が誕生する！

今は、どんどん新しい職業が誕生している時代。10年後や15年後には、今はない職業が誕生しているかもしれないよ。また、自分の得意なことをとことん極めるうちに、そのジャンルの専門家として仕事をするようになったという人もたくさんいるんだ。たとえば、ゲームの実況がしゅみだった人がゲーム評論家になったり、しゅみで旅行の写真をアップしていた人が旅のアドバイザーになったり。一見仕事と関係なさそうなことが将来の職業につながることもあるから、今、自分が楽しいと思う時間を大切にしよう！

ワーク 職業を調べてみよう!

自分が興味のある職業について、くわしく調べてみよう。仕事の内容やその仕事の魅力、お給料についてなど、わかるはんいで記入してね♪ 身近にその職業についている人がいたら、実際に聞いてみるのもGOOD!

調べる職業 →

おもな仕事内容

働く場所

お給料

仕事の魅力

大変なこと

どんな人が向いている？

必要な資格・スキル

このシートはダウンロードできるよ！

http://www.shin-sei.co.jp/np/isbn/978-4-405-01248-6/

163

ユテキな大人って どんな人？

職業に関係なく、ステキな大人になりたいよね♥
みんなのまわりにあこがれちゃうような大人はいる？

あこがれの人を思いうかべよう

みんなのまわりには、たくさんの大人がいるよね。近所のお姉さんや学校の先生、親せきのおじさんなど、まわりの人のステキな一面を探してみよう！そういう姿を見ているうちに、自分もこんなふうになりたいと思える人が見つかるかもしれないよ♪

ステキな大人は こんな人

① 身だしなみ&マナーが完ぺき！

清潔感があるお洋服をばっちり着こなして、背筋をピンと伸ばした姿がとってもステキ。もちろん、言葉づかいやあいさつなどのマナーも完ぺき☆

② ほかの人のことを思いやって行動できる

周囲の人を思いやれる人はステキだね。いつでも相手の気持ちを考えて行動し、困っている人がいたら積極的に手を貸すよ♪

③ いつもニコニコ楽しそうにしている

いつも笑顔で明るい雰囲気の人のまわりには、どんどん人が集まって来るよ！笑顔を心がけるだけで、その場の空気を明るくできるんだ。

社会人の1日をイメージしてみよう！

午前6：00 **起床**	ニュースをチェックしてから朝ごはんを食べるよ。人によって、ランニングや読書をしたり、お弁当をつくったりと、朝の日課が決まっている人も！
↓	
午前9：00 **お仕事スタート**	午前中の仕事がスタート。仕事が始まる30分くらい前には会社に行って、準備をするという人が多いみたいだよ。
↓	
正午12：00 **ランチタイム**	仲のいい友だちや先ぱいたちとお昼を食べるよ。仕事の話だけじゃなく、いろいろな話をして情報交換するんだって♪
↓	
午後1：00 **お仕事再開**	コーヒーを飲んで眠気を覚ましたら、午後の仕事にも集中して取り組むよ！
↓	
午後5：00 **退社**	仕事が終わったらジムや料理教室に寄ったり、家に帰ってから勉強したりすることも。
↓	
午後11：00 **就寝**	次の日の準備をしてからねれば次の日の朝あわてる心配がないよ！

毎日が充実していてすごく楽しそう！

ワーク 探してみよう！

「ステキだな」と思える人に出会ったら、その人のどんなところがステキだったのか書いておこう。
身近な人はもちろん、芸能人やスポーツ選手などでも OK だよ！

名前

どんなところが
ステキだった？

名前

どんなところが
ステキだった？

このシートはダウンロードできるよ！

名前

**どんなところが
ステキだった？**

名前

**どんなところが
ステキだった？**

名前

**どんなところが
ステキだった？**

あやのの描く
イラストって
かわいいいよねー♡

えー？
そうかなー？

わたしは
イラストを描くことが
大好き

将来は
まんが家に
なれたらいいなって
思ってるんだけど……

わたし

あやののまんがが
発売されたら
いちばんに買いに
行くね♡

いやー……さすがに
まんが家は無理だって

夢をかなえるための計画

計画って、将来のことをもう考えるの!?
今まで何も考えてなかったけど……。

夢をかなえるための計画を立ててみよう！

夢の実現に近づくためには、将来を見すえて計画を立てることも大切だよ。計画を立てることで夢や目標がより現実的になって、やる気もアップするかもしれないよ！　友だちと将来について話し合って、計画を発表し合うのもいいね♪

計画を立てるときのアドバイス

① イメージは具体的に！

将来の計画を立てるとき、はじめに必要なのは未来を想像すること。このとき、なるべく具体的にイメージができると計画を立てやすいよ♪　未来の自分がどんな仕事をして、どんなふうにくらしているのか具体的にイメージしてみて。

② 無理のないはんいで

具体的に計画するのは大切なことだけど、予定をきっちりつめこみすぎて達成できないのは考えもの。無理なくこなせるように計画することがポイントだよ！

③ 楽しそうな計画にしよう

将来の計画であれば、楽しいことが多いほうがいいよね。なるべくポジティブな要素を加えておけば、夢をかなえるまでの道のりも楽しむことができそう♪

夢にぐーっと近づこう！
計画を実行するテクニック

かなえたい夢がある人必見！ 4つのステップで
計画を実行するテクをレクチャーするよ♪

STEP 1　ゴールを設定する

117ページでも解説したように、長い期間の計画を立てるときは、ゴール地点になるような目標があることが大切。「美容師の資格を取る」とか、「自分のレストランをオープンさせる」など、自分がかなえたい夢をゴールに設定してね。下の例も参考にしながら、自分なりのゴールを決めてみよう！

ゴールの例

● プロの卓球選手になる

● 歌手としてデビューする

● 人の役に立つ研究・開発をする

● 警察官として町の安全を守る

● △△先生のような教師になる

● フランスでお菓子職人になる

わたしは将来、子どもと関わる仕事がしたいな！ 保育士さんとか、看護師さんとか……。

どっちも資格が必要だね！まずは資格を取るのを目標にしてみてもいいかも♪

なっ、なるほど……！

次は、夢をかなえるためにはどのくらいの時間がかかるかをイメージするよ。こうすることで、ゴールへたどり着くまでの見通しをつけられるんだ。まずはおおよその時間を知ることが大切なので、この段階ではまだ細かいスケジュールまで決めなくてもＯＫだよ！

見通しのつけ方は **2** パターン

・時期をはじめに決める・

例 25歳までに 美容師になる

① リストアップ

まずは美容師になるためにやるべきことをリストアップしよう。美容について学べる学校をチェックしたり、ヘアアレを練習したり、必要な資格を調べたりするよ！

② 時間を逆算

「25歳」という目標から逆算して、23歳までにアシスタントになる→21歳までに美容師の資格を取るなど、だいたいのスケジュールを決めていこう。

③ やるべきことを分配

②で逆算した時期を整理しつつ、①でリストアップしたことをどの時期にすべきか考えよう。62ページで紹介したように、ふせんのテクを使うと便利だよ！

・時期をあとから決める・

例 美容師として 自分のお店をもつ

① リストアップ

まずはやるべきことをすべてリストアップするよ。美容師の資格を取ることはもちろん、お店を開くためのお金を貯めることなども必要になるよ！

② 時間の計算

次は必要な時間の計算。18歳で美容の専門学校に入る→20歳で美容師の資格を取る→30歳までお店で修行……のように、お店を開くまでの道のりを具体的に想像しよう。

③ 時期を決定

こうしてやるべきこと＆時間を書き出していくと、目標達成の時期が見えてくるはず。だいたいの見通しがついたら、その時期を目標にしてがんばろう！

STEP3 手順を考える

STEP2でつけた見通しを参考にしながら、細かい手順を考えていくよ。まずは手順をひとつずつ書き出して、それを達成するにはどんなことが必要なのかをさらに考えていこう。たとえば「美容師になりたい」という夢がある場合、まずは美容師の資格を取ることが手順にふくまれるよね。次は「資格を取るためにはどうしたらいいのか」を考えて、「試験を受ける」「専門学校で美容の勉強をする」ことなどを手順に加えていくんだ！

例 美容師になるには…

中学、高校を卒業して美容の勉強ができる専門学校に入学する。

２年間専門学校で勉強し、国家試験を受けて美容師の資格を取る。

美容院でアシスタントとして働きながら、美容師の仕事を学ぶ。

経験を積んで一人前に。
晴れて スタイリストデビュー！

STEP4 実行する

手順が決まったら、次はいよいよ実行。美容師を目指しているなら「毎晩ブローの練習をする」と決めて実行するのもいいね。実行したあとは、ときどき計画を見直すことも大切。下のように、実行→見直し→改善→再び実行というサイクルが理想的だよ！

実行することがゴールじゃないんだね。計画はときどき見直すといいんだ！

みらいはいつもムチャな計画を思いつくもんな。

えっ、そうかな!?

| 実行 | 見直し | 改善 | 再び実行 |

毎日ブローの練習をするのが大変だと思ったら週末だけにするなど、計画を変更してもOKだよ。見直し&改善がすんだら再び実行。この流れをくり返していくよ！

なかなか行動に移せないときは…

「アクション・トリガー」と呼ばれる、何かを始めるきっかけになる行動を決めよう。ひとつきっかけがあるだけで、スムーズに行動に移せるようになるよ！ アクション・トリガーは、具体的に決めておくほど実行しやすいといわれているんだ♪

アクション・トリガーの例

- おやつを食べたら宿題をする
- おふろから出たらストレッチをする
- 9時になったらテレビを消してねる
- 水曜日は6時に起きてランニング
- 図書館へ行って英語の本を探す

火曜日は朝食のあとへアアレをする♪

計画をやりとげるためのポイント

ワクワクするような想像をしよう

見通しをつけるときや手順を考えるときなど、将来のことはなるべく具体的にイメージできるとGOOD！　イメージが具体的であればあるほど、計画も具体的になっていくよ。

まわりの人とも共有しよう

目標や計画は、まわりの人に積極的に話してみて。おうちの人にも協力してもらったり、友だちどうしではげまし合ったりすれば、目標達成のモチベーションも上がりそう☆

目標や計画は途中で変わってもOK！

将来のことを考えるうちに、夢が変わっていくことはあるもの。夢や目標はひとつにこだわらなくてOKだよ。夢が変わったときは、また新しい計画を立ててみよう！

ワーク 未来予想図をつくろう！

将来のことをイメージしながら、未来予想図をつくってみよう！
想像するだけで楽しくなっちゃうような、明るい計画にしてね♪

1 今の将来の夢

2 夢をもったきっかけ

3 夢をかなえるために必要なこと

このシートはダウンロードできるよ！

http://www.shin-sei.co.jp/np/isbn/978-4-405-01248-6/

何歳までになりたい？

 歳

具体的な計画を書こう

西暦	年齢	ことがら
20XX年	18歳	高校を卒業し、美容の専門学校に入る

夢に向かう時間を大切に

ここまで夢をかなえるための時間の使い方を解説してきたけど、何よりも大切なのは、夢に向かう時間を楽しむことなんだ♪

将来を意識する時間は かけがえのないもの

だれかとすごす時間と同じくらい、自分のことを考える時間もかけがえのないもの。自分の夢をかなえられるのは自分だけなので、毎日少しずつでも将来のことを考える時間をつくってみよう。職業について調べたり、自分の夢に関わりそうなことをほり下げてみたりと、夢を意識する時間をもつだけでOK。そうした時間の積み重ねが、夢の実現へとつながっていくよ♪

普段から意識してみよう！

将来のことは、毎日のちょっとした時間の中でも考えられるよ。例えばテレビを見ているとき。ファッションやおしゃれに興味があるなら、出演しているタレントさんのファッションやメイク、ヘアアレをチェックしてみるのもいいかも♪こうしたなにげない時間も、夢に向かう時間だよ。

今まで何も考えずにテレビを見てたけど、今日からはもう少し意識してみようかな！

夢に向かう時間って？

興味があることへの知識を深めることも大切

学校の勉強はもちろん、興味がある分野について学んだり、調べたりすることでどんどん知識が身につくよ。知識をもつことで将来の選択肢も広がるし、何より自分の可能性も広がるんだ♪

しゅみや特技の技術をみがくのもGOOD☆

スポーツや音楽、美術など、得意分野があるならそのスキルをとことんみがこう！　得意なことが夢につながることもあるし、胸を張って得意なことを言えるのは何よりステキなことだよ♡

感性をみがくことも大切な時間だよ！

お芝居や絵画を鑑賞したり、音楽を聞いたりと、芸術にふれることで感性がみがかれるよ。これも、みんなにとっては大切な時間。こうした経験から、目標が定まることもあるんだ♪

今日はひとりで
起きられたし、
ヘアアレも
うまくいった♪

はいっ

そのヘアアレ
かわいいー！

ありがと！

前は毎日バタバタ
すごしていたのに

最近、時間に
よゆうがもてるように
なった気がする…

時間の使い方を
覚えられたって
ことなのかな？

時間は使い方次第で
みんなの味方に
なってくれるんだ♪

忘れないでね！

「時間の使い方」を知って どんなふうに変わった？

時間の使い方を勉強してみて、
みんなの生活はどんなふうに変わったかな？
ダラダラとすごす時間が短くなったり、
やるべきことを整理するようになったり、
少し先のことまで見通す力がついたかもしれないね。

今はまだ、何か変わった実感はないという人も
時間は確実にあなたの味方になってくれているはず。

気持ちによゆうがなくなってしまったときは
深呼吸して自分の行動をふり返ってみてね！

限りある時間を大切に、これからも自分らしく
ワクワクするような時間の使い方をしていこう♪

ワーク チェックしてみよう！

この本の内容をふり返って、できるようになったことに ☑️ をつけよう。
何度も本を読み返せば、少しずつ ☑️ の数が増えていくはずだよ★

☐ 時間がだれのためのものかわかった

☐ まわりの人の気持ちを考えるようになった

☐ 時間の逆算ができるようになった

☐ 時間の感覚が身についた

☐ やるべきことを整理できるようになった

☐ 好きなことをする時間を大切にするようになった

☐ 長い時間を区切って考えるようになった

☐ 目標に向かって計画を立てられるようになった

☐ ものごとの優先順位を考えるようになった

ワクワクするような
時間は見つかった？

GOAL！

☐ 自分と向き合う時間をつくれるようになった

☐ 職業について興味をもつようになった

☐ 自分の将来のことを考えるようになった

監修 高取しづか（ことばキャンプ主宰）

コミュニケーション能力育成を目的とするNPO法人・JAMネットワーク代表。「ことばキャンプ」主宰。「子どもの自立トレーニング」をテーマに、さまざまなメディアでの執筆や講演活動を行っている。子育て・教育関係の著書多数。
ことばキャンプ　http://kotobacamp.com/
「幸せになれる子」に育てたいあなたへ　http://www.takatori-shizuka.com/

カバー・まんが	池田春香
イラスト	うさぎ恵美、菟乃 るう、菅野紗由、かわぐちけい、こかぶ、紺ほしろ
本文デザイン	片渕涼太（H.PP.G）
DTP	島村千代子
装丁	片渕涼太（H.PP.G）
編集	株式会社スリーシーズン（伊藤佐知子、松下郁美）

参考文献
『ダメって言わない　子どもへ good アドバイス1　時間のマネジメント』（高取しづか／合同出版）、『「時間の使い方」を科学する』（一川誠／ PHP 新書）、『時間のすべて』（ニュートンムック）

本書の内容に関するお問い合わせは、書名、発行年月日、該当ページを明記の上、書面、FAX、お問い合わせフォームにて、当社編集部宛にお送りください。**電話によるお問い合わせはお受けしておりません。**また、本書の範囲を超えるご質問等にもお答えできませんので、あらかじめご了承ください。
　FAX：03-3831-0902
　お問い合わせフォーム：https://www.shin-sei.co.jp/np/contact-form3.html

落丁・乱丁のあった場合は、送料当社負担でお取替えいたします。当社営業部宛にお送りください。
本書の複写、複製を希望される場合は、そのつど事前に、出版者著作権管理機構（電話：03-5244-5088、FAX：03-5244-5089、e-mail：info@jcopy.or.jp）の許諾を得てください。
JCOPY ＜出版者著作権管理機構　委託出版物＞

	めちゃカワMAX!!	
小学生のステキルール	夢をかなえる 時間の使い方BOOK	

2020年 4 月 5 日	初版発行
2023年 8 月25日	第 4 刷発行

監　修　者	高 取 し づ か
発　行　者	富 永 靖 弘
印　刷　所	株 式 会 社 高 山

発行所　東京都台東区　株式会社　新星出版社
　　　　台東2丁目24　会社
　　　　〒110-0016 ☎03（3831）0743

ISBN978-4-405-01248-6

付録
（ふ ろく）

おうちの方（かた）へ

ことばキャンプ主宰（しゅさい）
高取しづか

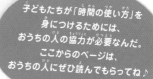
子どもたちが「時間（じかん）の使（つか）い方（かた）」を身（み）につけるためには、おうちの人（ひと）の協力（きょうりょく）が必要（ひつよう）なんだ。ここからのページは、おうちの人（ひと）にぜひ読（よ）んでもらってね♪

あれ？　私（わたし）たち向（む）けの「時間（じかん）の使（つか）い方（かた）」の本（ほん）なのに、大人（おとな）向（む）けの説明（せつめい）が入（はい）ってるよ？

できれば「早く」って言いたくはないのに……

お子さんの時間の使い方で、
どのようなことを悩んでいますか?

●「早くしなさい!」と言われなければ、
　いつまでもやることをやらない。

● ゲームや動画などの時間を決めても守らない。

● ごはんを食べるのもノロノロ、着がえもノロノロ、
　時間がかかりすぎる。

　小学生の子ども、あるあるですよね。
　私は子どもの自立を促す親子コミュニケーションについて、本や講演会でお話してきました。子どもを自立に導くポイントについてお伝えします。
　子どもを見ていると、つい口を出したくなってしまう。最初は穏やかに言っても行動しないので、さらにエスカレートしてしまう日々。そんな方が多いのではないでしょうか。
　口を出さずに見守るのがいいとはわかっていても、なかなかできないのはなぜでしょうか。どうやって、子どもを自立に導いていったらいいのでしょうか。

子どもの時間の使い方は、子どもに任せる

〰〰〰〰〰〰〰〰〰

　それには「子どもの時間は子どものもの」と、まず親が心の底から思うことです。

「時間の使い方は自分で考えよう」（28ページ）で、子どもたちには、自分の時間の使い方を自分で考えるようにと書いています。保育園、幼稚園時代は、親が子どもの時間を管理してきましたが、少しずつ子どもに時間管理を任せるようにしていきましょう。

　子どもが自発的に行動するようになるために、親が「子どもの時間は子どものもの」と自覚する必要があります。今日から「早く宿題をやってしまいなさい」「いつまで遊んでるの」という言葉を、グッと我慢しましょう。「言わなければやらないし」と考えるのは親ならば当然ですが、1回脇に置いておくこと。宿題をやらなくて困るのは子ども自身です。親ではありません。

　子ども自身が「自分の問題」と思うことが、自発的に行動するために必要なのです。そのためには親が「子どもの問題」と自覚して行動や言葉を変えていってほしいのです。

　行動しない子どもを見て、口を出したくなってしまうときには、「これは誰の課題か？」と自分に問いかけてみてくださいね。宿題をやるかやらないかを選択して、その結末を引き受けるのは子どもです。ということは、この件に関してあな

たはイライラしたり、口を出したりする必要は本来ないわけです。

とはいえ、急に子どもがひとりで解決することは不可能ですし、つきはなすことを勧めるわけではありません。子どもの課題を解決できるように協力してあげることは必要でしょう。「子どもの時間は子どものもの」と自覚していれば、子どもにかける言葉も違ってくるはずです。頭ごなしに「早くしなさい」ではなく、子どもを理解したうえで見守るのか、言葉をかけるのか、どのようにサポートしていくのがよいのか、考えてみてください。

子ども自身が「自分の問題」だと わかるには

「その人の問題」という考え方は、いろいろな人間関係に効果があります。しかし、親子間で割り切って考えられるようになるまでには、相当な根気と訓練が必要だと思います。

自立を促す教育をしているアメリカの小学校の先生に「いつから自立教育を始めるのですか?」と聞いたところ、なんと3歳のころから、時間を含めた自立教育が始まると言われました。

たとえば子どもが忘れ物をしたとき「ママが入れてくれなかったんだ」と言ったら「違うよ。それはママじゃなくて、キミの問題なんだよ」と目を見て優しく言うのだそうです。生活の中で「それは誰かの問題にするのでなく、あなたがす

ることですよ」と、根気強く言い聞かせていくのです。

　ところで、あなたは朝、子どもを起こしていますか？

　子どもが「どうして起こしてくれなかったの？」「もうこんな時間じゃん！」と言うのは、子どもは「親の問題」と思っているから。そんな時「自分が悪いんじゃない！」「だから、言ったのに！」と言い返すのでは、責められているとしか感じないでしょうし、自立を促すことにはなりません。日頃から「一人で起きようね」と、穏やかに根気よく伝えて、目覚まし時計（できれば自分の好きなものを選ばせる）を与えて、一人で起きるように応援していきましょう。

子どもの考えを引き出そう

　本書では、子どもたちに時間力をアップさせる「ワーク」をたくさんしてもらいました。

　「やりたいこと」「やらなければならないこと」をふせんに書いて分けたり（67ページ）、放課後のスケジュールを考えてもらったり（81ページ）していますが、そうした作業をする際には、子どもの自由な考えを尊重してあげてください。もし迷っているようなら、「宿題はやりたいことかな？」などと声をかけ、一緒に考えていきましょう。「やらなければならないことは、宿題とピアノの練習でしょ」などと、先回りするのは禁物です。子どもが自分で考えていくことが大切です。

　今、自分の考えを口にするのが苦手な子が多くいます。それは、「こんなこと言ったらいけないかな？」「この考えはま

ちがってないかな？」などと、気にして言えなかったり、そもそも考えずとも何でも先に正解を与えられることに慣れてしまって思考停止状態だったりするためです。自分で考えて行動できる子になってもらうために、ここでは出てきた子どもの考えがどんなものでも、まずは否定をせずに認めましょう。自分の考えでやってみて困ったことになれば、また子どもは考え直します。そうやって大切なことを学んでいってくれます。やる前に「それじゃうまくいかないよ」と思っても、なるべく口出しせず見守ってあげてください。

子どものムダそうな時間は
ムダじゃない

　子どもたちの間でスライムづくりが流行ったとき、出来上がったスライムを延々と触っていて、友だちと集まってもお互い持ち寄ったスライムをただ触って遊んでいるだけのことがありました。大人からすると、「何が楽しいの？」「せっかく友だちと集まっているんだから他の遊びをすればいいのに……」と思いましたが、そんな時間の使い方ができるのも子どもならではなのかもしれません。そんな一見ムダそうに思える時間も、できる限り自由にさせてあげたいものです。

　ムダなことをしているように見えたとき、ボーっとしているように見えたときに、「時間がもったいないから、〇〇しちゃえば」とつい言いたくなりますが、ボーっとする時間や、一見ムダに見えるけどやりたいことをやっている時間は、子ど

もにとっては心を整えたり、心を育てたりする大切な時間です。そして、好きなことを十二分に楽しむことは、将来の集中力を養うと言われています。子どもが自発的に始めたことは、「この子はこういうことが好きなんだな」「この時間がこの子の心を育てているのかもしれないな」となるべくなら温かく見守りましょう。

できていないときの言葉のかけ方

時間の使い方を子どもに任せて行動させてみると、決めたことをやらない日もあるでしょう。そんなとき、「自分で決めたんだからしっかりやりなさい！」と言いたくなりますが、感情的に怒るように言っても、自分で行動できるようには決してなりません。その場では、従うかもしれませんがそれは、怒られるのがイヤだからです。そんなときは、感情は押さえて「今は何をする時間だっけ？」「今やっていることは何時までに終わる？」などと、ゆっくり伝えたいことだけ伝え、後は子どもの様子を見守りましょう。

また、「早く」とせかすよりも、「10分で終われば、〇〇ができるよ」などとプラスの言葉かけにすると、子どものやる気を引き出せます。子どもに考えさせたいときには、「どうしたらいいと思う？」「どうしたい？」と、気持ちや希望を聞く質問をしてください。「なんで〜？」「どうして〜？」と理由を問う言葉は、質問の形をとってはいますが子どもは責められているように感じてしまいます。たとえば、「なんでゲーム

がやめられないの?」と聞かれても、うまく答えることは難しいでしょう。それよりも「どうしたい?」と聞いて、「もう少しゲームがしたい」というのであれば、「もう少しはあと何分?」と自分で考えて決めさせるようにしましょう。

好きなこと、夢中になれることを見つける

　本書では、好きなことやワクワクすることは何かと、何回も子どもたちに問いかけています。大人でも、自分が本当に好きなことは何か、何にワクワクするのかわからないことがありますが、自分に問いかけ続けることで気づく場合があります。子どもには、「何をしているときが楽しい?」「心がワクワクして喜んでいるのはどんな時間?」と聞いてみましょう。時間のじょうずな使い方とは、時間を効率よく使うだけではなく、時間を有意義に使うこと、充実した時間をすごすことを意味します。有意義な時間、充実した時間とは何でしょう?　それはやはり、好きなことをする時間のことでしょう。

　好きなことをして充実した時間を過ごした経験があれば、その時間を得るために他の時間も上手に使っていこうという意識が出てきます。好きなこと、やりたいことのためなら、大人でも子どもでもがんばれるものなのです。子どもたちがワクワクを見つけていけるように応援しつつ、おうちの人もワクワクすることを見つけ、ぜひ子どもといっしょに自分の時間も大切に輝かせていきましょう。